中共浙江省委党校浙江省"八八战略"
创新发展研究院资助成果

停矿之变

一个西南村庄的资源、生态与社会转型

高孟然◎著

中国社会科学出版社

图书在版编目（CIP）数据

停矿之变：一个西南村庄的资源、生态与社会转型／
高孟然著. -- 北京：中国社会科学出版社，2024. 10.
ISBN 978-7-5227-4707-1

Ⅰ. K297. 05

中国国家版本馆 CIP 数据核字第 2025W8X461 号

出 版 人	赵剑英	
责任编辑	郭　鹏	
责任校对	高　俐	
责任印制	李寡寡	

出　　版	中国社会科学出版社	
社　　址	北京鼓楼西大街甲 158 号	
邮　　编	100720	
网　　址	http://www.csspw.cn	
发 行 部	010-84083685	
门 市 部	010-84029450	
经　　销	新华书店及其他书店	

印刷装订	北京明恒达印务有限公司	
版　　次	2024 年 10 月第 1 版	
印　　次	2024 年 10 月第 1 次印刷	

开　　本	710×1000　1/16	
印　　张	12.5	
插　　页	2	
字　　数	170 千字	
定　　价	68.00 元	

献给我的母亲程伟峰女士

序　言

在这个多元和变革的时代，对于发展的理解与实践正面临着前所未有的挑战与机遇。《停矿之变》这部作品，正产生于这样的背景下。本书以中国西南部一个小村庄为研究对象，以民族志的形式描述了一个位于中国西南地区的资源依赖型村庄在遭遇小矿山关停后经历的剧烈社会变迁过程，着重探讨了该地区由于国家政策和国际市场波动所引发的资源型发展方式的转型及其对当地社区社会、文化和生态等多方面的影响。

作为本书作者的导师，我见证了作者从初始的好奇心到深入的田野调研，再到系统的理论建构的全过程。作者通过实地考察和访谈，收集了丰富的第一手资料，其故事背景是近年来国家发展方式的转型和国际金属市场的持续波动。采矿改变了该村村民传统的生计方式和生态观念，进而使其消费和环保行为发生变化，最终引致社会和生态的全面转型。本书将个体、企业、投资客及各级政府置于同一历史进程中予以分析，以发现社会结构的各个部分在变迁中复杂的联动作用，以及个体和组织行为的多样性。本书的发现令人印象深刻：国家力量透过矿山封停实现了发展秩序的统一，而村民则将国家视作一种资源，通过与国家的互动"发展"共度。

通过对麦地坡泰丁矿山关闭事件的考察，作者不仅尝试揭示宏观发展政策及实践对地方社区的直接影响，更全面呈现了当地居民生计方式、社会结构和环境观念所产生的系统性变化。这项研究不仅记录了一个村庄在剧烈变迁时刻的珍贵剪影，更深入探讨了国家政策和市场经济如何塑造地方社区的生活和生态环境，从而为我们提供了对复杂社会现象更为深入和全面的理解。

本书以小见大，以发展人类学的视角探讨资源开发对乡村发展产生的全面影响，不仅突破过往对资源依赖型发展模式分析的纯经济学进路，依据扎实的人类学田野调查，提供社会、文化和生态角度的整全性分析，具有创见。更为难得的是，作者抓住了一个转瞬即逝的研究节点，即矿山关停的时刻，从亲历者的角度完整呈现村庄面临发展方式转型时实现的深刻变化，具有一定的资料价值和可读性。

当前，中国正值发展转型的关键节点，通过分析这一具有相当张力的案例，我们得以窥视乡村在这一进程中经历的巨大变迁，并深入理解地方景况的复杂性。2020 年，中国宣布脱贫攻坚战全面胜利，并于 2021 年提出建设共同富裕社会的宏伟目标。对于已脱贫的地区而言，防止返贫将是一项长期的艰巨任务。本文所涉及的村庄位于"三区三州"之一的怒江州，曾被认为是全国脱贫攻坚战中最难啃的"硬骨头"。而本书对其发展转型历程的细致分析对于新时期促进农民农村共同富裕将具有相当的借鉴价值。

朱凌飞（云南大学民族学社会学学院教授、博士生导师）

2023 年 11 月 20 日于东陆园

前　言

　　我对乡村发展方式转型的关注源于导师的影响：在参与 2014 年云南大学第六届暑期学校期间，我随导师赴兰坪县河西乡进行了为期十天的短调查，其间听说了麦地坡村，这是一个因为开矿而发生急剧变化的村寨。彼时正值兰坪小矿山关停行动如火如荼地开展，麦地坡也在整改范围。相关行动对该村庄产生了怎样的影响？开矿前后，村庄的社会文化发生了怎样的变迁？这些问题引起了我强烈的好奇，驱动我开展进一步的研究。

　　当前，中国正处于发展方式转型的节点位置，生态保护受到越来越多的重视，相关发展政策也开始转向集约型经济及可持续发展。这类宏大的政治叙事在微观层面将如何表现？又对个体的生活产生怎样的具体影响？带着这些疑问，我在 2014 年国庆期间赴兰坪河西乡麦地坡村进行了持续十余天的预调查。在不长的时间里，我走访了大部分的家户，也实地考察了邻近的村庄和矿场。更加清晰地了解到矿业开发对麦地坡村的生计方式、生态环境、聚落景观等方面产生的巨大影响。此后，我又相继在 2015 年至 2016 年间在麦地坡进行了共计 3 次、为期半年的田野调查，收集了大量一手信息。在这些鲜活的材料中，我看到麦地坡村人的生活史和村庄的发展史与兰坪乃至中国的发展模式微妙地契合在一起。而新近小型矿山关停行动对麦地坡村的影响已立竿见影地在村民生计方式的改变中显现出来。

兰坪白族普米族自治县位于云南省西北部，隶属怒江傈僳族自治州，辖4乡4镇，总人口21万人，境内的凤凰山特大铅锌矿已探明储量1429万吨，居亚洲第一、世界第二，因此被称为中国的"绿色锌都"。兰坪是"三江成矿带"上的重要矿区，境内有10多种矿，150多个矿床点，各类矿产资源十分丰富，同时，矿冶业也是目前兰坪境内最为重要的支撑产业。

兰坪从很早以前就被划入中国中央政府的管辖范围。西汉元封二年（前109）始置益州郡比苏县，东汉改属永昌郡。唐开元二十六年（738）归属南诏政权的宁北节度管辖，乾符年间（874—879）归于南诏政权的剑川节度辖制。后晋天福二年（937）段思平建立大理国，兰坪县域改置为兰溪郡。元至元十二年（1275）改兰溪郡为兰州，隶属丽江路。明洪武十七年（1384），中央政府授罗克为世袭兰州土知州，改属丽江府。雍正元年（1723），丽江府改土归流，土司政府改为流官政府，县域归丽江府直接管理。民国元年（1912），从丽江县划出兰州、通甸、山后、西你罗、江东、江西6里，新置兰坪州治，民国三年（1914）改州为县。1949年5月10日兰坪解放，后一直隶属丽江专区，直至1957年改属怒江傈僳族自治州至今。1987年，撤销兰坪县制，设"兰坪白族普米族自治县"[①]。现今，全县辖金顶、啦井、营盘、通甸4镇和河西、中排、石登、兔峨4乡。

本研究的主要田野点为麦地坡自然村，隶属于云南省兰坪白族普米族自治县河西乡三界村委会，属于山区。此地从清朝起隶属丽

---

① 兰坪县志编纂委员会：《兰坪白族普米族自治县志》，云南民族出版社2003年版，第96—97页。

江县二十七里之一的西你罗，后于民国元年被划入兰坪，改称顺化里。全里的主体民族为普米族。辖区相当于现在通甸乡的德胜（罗锅箐除外）、河边行政村、下甸行政村的箭杆场自然村和河西乡的普米族聚居区，虽然后来曾有多次变动，但现在河西乡的箐花、大羊、三界、玉狮、联合和通甸乡的河边行政村始终为顺化里以至后来兴仁的中心区域。① 民国 10 年，顺化里被划入兰坪县第五区，团首为普米族人杨献廷，治所在阳山。

图 1　麦地坡正面平视图

民国 27 年（1938），顺化里改为兴仁乡，属第二区，乡长仍为杨献廷，治所依旧在阳山，全乡编为 3 保 28 甲，共 262 户，880 人。

---

① 政协兰坪白族普米族自治县委员会编：《中国云南怒江州民族文史资料——普米族》，德宏民族出版社 1997 年版，第 145 页。

民国 29 年（1940），兴仁乡被改为兴仁副镇，隶属通甸镇，但以副镇身份运转相对独立，并一直意图脱离通甸独立。彼时，麦地坡与大古梅村、阳山村、东震岩村、大商街村（今大三界）、小商街村（今小三界）、其吾村、戛坪村、处保村同属其下辖 3 保中的第 2 保，为 24 甲之一。民国 32 年（1943）十月三十一日县长黄守义在给省民政厅的关于兴仁区划及建置的呈文中说："原第二区所属之兴仁乡人民因语言、风俗等与通甸镇人民不同，又往往因征兵和门户负担不公而引起一些纠纷。绅士乡民要求划成直隶保，直属县政府管辖。"兴仁遂成为全县 6 乡 5 镇以外的一个直隶保。① 麦地坡人鹿友鸿曾任第二任保长。1949 年后兴仁划为兴仁区，党支部驻阳山村，先后隶属第二区和第五区，直至 1958 年下半年归入河西公社。1984 年人民公社政社分开，河西公社改为河西区，后于 1987 年定为河西乡。

麦地坡位于河西乡西边，距离三界村委会 5 公里，距离河西乡 12 公里。邻近村庄分别有南面同属于三界村的东至岩、北面隶属河西村的三岔河、东面隶属于河西村的热水塘和水磨房。到 2010 年底，该村有农户 51 户，共有乡村人口 223 人，其中男性 113 人，女性 110 人。其中农业人口 220 人，劳动力 142 人。该村登记民族均为普米族。

麦地坡国土面积 11.24 平方公里，海拔 2450 米，年平均气温 11℃，年降水量 900 毫米，适宜种植玉米、小麦等农作物。到 2010 年底，全村有耕地总面积 610 亩，旱地 610 亩，人均耕地 2.9 亩，主要种植玉米等作物；拥有林地 15300 亩，其中经济林果地 105 亩，人均经济林果地 0.52 亩，主要种植核桃等经济林果；荒山荒地 950 亩。麦地坡位于山腰处，山底海拔约 2200 米，山顶海拔约 2750 米，高山

---

① 政协兰坪白族普米族自治县委员会编：《中国云南怒江州民族文史资料——普米族》，德宏民族出版社 1997 年版，第 151 页。

气候较为明显。海拔最低的一户人家约有 2323 米，最高的约有 2430
米，高差大约达 107 米。林线约在海拔 2470 米的位置，往下是坟地，
再往下才是住户和农田。农田主要分布在房前屋后的缓坡以及村子
周围开垦出来的地方。本地森林植物种类繁多，以云南松和香柏为
主力树种，其他有澜沧黄杉、红豆杉、椆木等珍稀树种，亦有兰花、
高山杜鹃等花卉，以及羊肚菌、蝉花等山珍。

图 2　麦地坡及周边地区卫星图

该村矿产资源丰富，有温泉铅锌矿、果娘铜矿、泰丁铜矿等矿
山，分别属于或邻近该村，在地质上被统称为麦地坡矿段。该矿段
系属于白秧坪矿化集中区东侧的河西—黑山矿带，是维西—乔后深
断裂带西侧赋存超大型矿床的重要成矿带。矿带范围北起河西乡南
坡，向南依次是麦地坡矿段、东至岩矿段、下区五矿段、新厂山矿
段、燕子洞矿段、华昌山矿段、灰山矿段、黑山矿段，逶迤延长
20 公里。[①] 这一矿带中铅、锌、银、铜、汞、膏盐矿床（点）断续

————————

① 邵兆刚等：《云南兰坪—维西地区成矿与岩石圈构造动力学》，地质出版社 2004
年版，第 38 页。

分布，构成沂 SN 向的矿化带。著名的金顶超大型铅锌矿床、华昌山（麦地坡—新厂山—华昌山—灰山—黑山）矿带、富隆厂、白秧坪多金属矿床即产于此带中。[①] 可见，这一区域内矿点分布并不连续，而是多点开花，在一个矿带内有多个相近却并不相连的富集矿床，这是小型矿山私采在此地得以盛行的自然基础。麦地坡矿山的成矿系属于华昌山复式背斜内的麦地坡断裂，该断裂成东西向，在华昌山矿段中控矿性弱于南北向断裂。[②] 即总体来看，矿体稍小。全国地质勘查规划编制研究组编纂的《中国地质勘查工作现状分析与发展规划研究》中将麦地坡矿段及其所属的河西—黑山矿带列入"十一五"建议重点部署的勘查区。[③]

自 20 世纪 80 年代以来的矿产资源开发过程中，麦地坡村民改变了耕牧结合的传统生计方式，几乎全部的家户经济都与矿产开发发生了密切的关系，使村民的经济收入水平大幅提高，消费模式和生活方式出现了根本性的转变，社会结构也发生了巨大的变迁。在党的十七大以来科学发展观的路线指导下，当地政府出于生态保护和可持续发展的需要，从 2014 年 7 月开始了大规模取缔、关停小型矿山和非法矿硐的行动。使村民的生计模式面临又一次巨大变迁，麦地坡村的生活方式、传统文化、社会结构也将出现巨大的转变。因矿而变的麦地坡人在面临社会整体经济转型时，如何寻找可替代的生计方式，是回归传统还是拓展未来？在国家宏观调控的背景下，与个人发展相勾连的一系列因素值得我们深入探讨。

---

① 邵兆刚等：《云南兰坪—维西地区成矿与岩石圈构造动力学》，地质出版社 2004 年版，第 61 页。

② 何明勤等：《兰坪盆地铅锌铜大型矿集区的流体成矿作用机制——以白秧坪铜钴多金属地区为例》，地质出版社 2004 年版，第 18 页。

③ 全国地质勘查规划编制研究组编：《中国地质勘查工作现状分析与发展规划研究》，地质出版社 2009 年版，第 119 页。

目　　录

第一章 研究综述与研究方法

第一节 理论综述与相关思考

当前，已经有大量对资源型发展方式转型的相关研究，主要是从经济学和政治学的角度分析资源与经济增长的关系，人类学的相关研究非常有限，而从发展人类学的视角进行资源型地域发展方式转型的相关实地研究则更为鲜见：

一 资源型发展方式转型的相关研究

对资源型城市和地区的相关研究主要是从经济学、政治学视角对资源开发在整体经济中产生的影响进行分析，而对国外和国内类似问题区域的研究将有助于对麦地坡乃至兰坪矿业开发过程的探讨，且跨学科的讨论也将有利于更全面地观察和分析相关问题。有学者论述了从20世纪60年代开始对资源利用与经济的关系进行的全面反思，70—80年代的"荷兰病"研究，90年代以来，围绕"资源诅咒"的经济学研究认为，资源丰裕地域对资源部门的投资偏好导致资源在经济体系中的"吸纳效应"、"粘滞效应"及"锁定效应"，不仅带来了经济发展的缓慢，还涉及伴生的多种社会问题。因此，在资源型发展方式的转型过程中要紧紧抓住为了谁的发展的问题，优化权力结构、经济体系和分配机制的设置，实现产业协调与经济转型发展。[①] 然而，这些研究通常将研究对象概化并抽象成一个经济实体，缺乏对其实际状态的复杂性、多层级和非理性因素的关注。

中国历史上因各时段国情的不同，资源型城市的研究和发展也呈现出明显的阶段性特征。从中华人民共和国成立之初到 20 世纪 80 年代强调重工业发展与工矿城市的生产角色，到改革开放至 20 世纪 90 年代中期开始关注资源型城市的衰颓现象和长远发展，再到 21 世纪初全社会对资源型城市可持续发展问题的密切关注。随着社会经济的飞速发展，传统的发展理念和模式在新的时期出现了诸多问题，这些问题在资源型城市的发展过程中因其特殊情况得到了某种程度的扩大。伴随着中国经济的起飞，人们无须再"埋头苦干"，而应"抬头看世界"。随着中国日益增加的资源和环境压力以及产业经济结构的全盘调整，资源型城市的发展面临转型。

有学者梳理了中国资源型城市研究经历的生产力布局研究、工矿城市研究、资源型城市转型研究三个阶段。认为目前学界以"转型"研究为主，且重点关注了资源型城市发展机制和资源型城市区位选择和空间发展规律、生态建设等空间问题的探索。中国资源型城市的研究主要集中于经济发展领域，对产业结构调整的研究占到绝对优势数量。国外的研究目前多注重社会的发展问题，集中于就业、社区和谐发展等问题。[②] 可见，对于资源型城市的转型研究已

---

① 张复明、景普秋：《资源型经济及其转型研究述评》，《中国社会科学》2006 年第 6 期，第 78—87 页。

② 赵景海：《我国资源型城市发展研究进展综述》，《城市发展研究》2006 年第 3 期，第 86—91 页；张复明、景普秋：《资源型经济的形成：自强机制与个案研究》，《中国社会科学》2008 年第 5 期，第 117—130 页。

成为相关研究的焦点，但视域集中于产业结构调整，而人类学视野内整体观的强调和对人的关注将从社会发展的角度对此类研究形成良好的补充。

通过现有的关于自然资源与经济发展的研究来看，已经有大量的研究指出了两者之间所存在的负相关的关系，即自然资源上的优势往往并不意味着经济的发展，反而在很多时候成为经济发展的障碍。然而已有的研究尽管众多，仍然存在着很多遗漏的地方。其一，已有的文献研究大多从经济学的视角出发，无论是发展经济学还是区域经济学的研究，都从经济学内部研究了资源对于经济发展的作用，而很少有研究涉及经济学外部的因素。即使有学者提到了从政治学的视角对资源诅咒的传导机制进行分析，所分析的内容也不外乎政府治理、制度、产权、寻租等内容，也没有超越制度经济学的研究范围。而事实上，自然资源与经济发展之间的关系并不能完全依赖经济学进行解释，社会生活的复杂性也远非经济理论模型能够理解和阐释。而对于自然资源与经济发展之间的关系进行社会学以及政治经济学的解释，则能够从日常的生活和行动中，从不同行动者的话语、知识本身来寻找影响两者之间关系的因素，从一个更深的层面上对资源的诅咒进行理解。其二，现有的研究往往关注的重点在于矿产等自然资源丰富而形成的城市，关注的目的也是让这些资源型城市能够获得可持续的发展，或者是从一个更高的层面，如国家或者省的区域层面来进行分析，探寻资源与经济发展之间的关系。很少有研究能够从一个村庄社区的层面对自然资源开发和社区发展的关系进行研究。这种研究的取向本身就显示了农村地区在经济发展中所处的位置，是一个往往被政府、媒体和学界所忽视的位置。因此，相对于已有的研究将某一资源丰富的区域作为研究对象来分析，将资源丰富的农村社区作为研究对象和单位，不仅仅需要考虑到在区域经济发展中资源带来的负面作用，还需要考虑到农村地区本身在经济发展中所处的弱势地位。

中国农业大学丁宝寅的博士学位论文通过对一个资源型村庄的民族志进行研究，展现了该村在矿产开发数十年的历程中由无到有又由盛转衰。认为当今我国农村不断发展变迁的过程，也是发展主义不断对农村进行建构的过程。该村基于市场化改革背景的兴起和"可持续背景"下的衰落，都遵循了发展主义经济理性至上和现代性的逻辑。作者对"发展"本身进行了反思，认识到"发展"具有社会建构的性质，且蕴含着复杂的话语和权力关系。[1]

国务院 2013 年公布的《全国资源型城市可持续发展规划(2013—2020 年)》中将兰坪白族普米族自治县列入资源型城市名单，且被分属于"成熟型城市"。2011 年，金鼎锌业公司的利税占到了全县税收的 70%，财政上对矿业的依赖可见一斑。因而，兰坪县的社会、经济转型已然需要被提到议事日程。《兰坪县县域经济发展规划(2006—2020 年)》将做大做强矿电支柱产业、发展特色农业、培育民族文化生态旅游业作为未来全县重点发展的三大产业。麦地坡村所属的河西乡将以农业经济发展和生态旅游业为主，打通维兰生态观光和古盐道走廊，重点打造大羊场高原牧场原生态探险游，突出森林高覆盖率，建设特色乡镇。在这样的整体背景下，我们相对可以更直观地理解麦地坡作为一个村庄在地区社会经济架构中的位置，看到来自国家和地方的发展干预对麦地坡过去、当下和未来的影响。

二 人类学的发展研究

20 世纪 70 年代初，由于全球发展面临的普遍困境，人们开始

---

[1] 丁宝寅：《资源能够带来发展吗？》，中国农业大学 2014 年博士学位论文。

重审发展的文化和社会维度，发展人类学应运而生。学科的创始人之一米歇尔·塞尔尼认为发展人类学家的使命是与发展战略中经济中心论和技术中心论的范式偏差做斗争。

时至今日，发展人类学正在成为当代人类学研究的主要趋势之一，学科构建也愈发明朗。自20世纪七八十年代，人类学发展研究兴起以来，其一直以本土知识为基点和主题，并致力于处理发展中涉及的权力关系。整体看来，大体可以分出三大潮流：一是采用福柯式的话语分析手段解构发展；二是立足于本土知识研究，倡导自下而上的参与发展模式；三是继续和延伸发展的话语分析，证明并展现发展实践中存在的多种发展话语。第一类研究带来的强大批评力量令人类学在发展面前束手无策，而后两类研究的兴起则旨在缓解前一类研究带来的发展话语的解构。[①] 目前，国际上有关发展与人类学之间的关系一般从两个角度表述，一是所谓"发展的人类学"（Anthropology of Development），主要是指用人类学的理论、方法和视角观察和研究发展问题，也就是从发展的这一行外看待发展。二是所谓的发展人类学（Development Anthropology），指的是人类学的知识在发展中的直接应用，也就是应用人类学。[②] 潘天舒在《发展人类学概论》一书中认为，发展人类学是一门融理论批评和应用实践为一炉的学问，书中指出："作为应用人类学的积极实践者，发展人类学家通过发挥自身的学科专长，来研究与探讨社会和文化因素在项目实施过程中产生的制约性，从而帮助第三世界国家和地区解决在经济建设中遇到的实际问题。"[③] 然而，尽管发展人

---

① 杨小柳：《发展研究：人类学的历程》，《社会学研究》2007年第4期，第188—206页。

② 刘晓茜、李小云：《发展的人类学研究概述》，《广西民族大学学报》（哲学社会科学版）2009年第5期，第38—47页。

③ 潘天舒：《发展人类学概论》，华东理工大学出版社2009年版，第3—4页。

类学在西方人类学界已经得到了广泛发展，但对中国人类学界而言，发展人类学似乎仍然是一个新鲜而带有些许陌生的概念。

自 20 世纪 90 年代至今，发展人类学家与日俱进，并分散到越来越多的非政府组织之中。受到后现代主义的影响，近期学界兴起了以话语分析为主体的"发展的人类学"和淡化发展表达的"后发展"概念。国内的研究实践则分为人类学发展研究和参与式发展研究两大主题，强调人类学在参与发展中的独特作用，秉承发展真正使当地人民受益的理念。

在对麦地坡的社会与生态转型的研究中，发展人类学的理论与方法既为本研究提供理论分析的支撑，也决定了此项研究的应用性取向。笔者欲从国家发展干预对村庄的影响和村民的策略性反应两方面展现村庄发展的图景，并希冀在对发展概念与模式进行反思的基础上，借鉴发展人类学的理论概念和实践方法，为麦地坡乃至兰坪县的未来发展规划提供参考建议。

（一）发展人类学的研究

1. 发展人类学的实践研究

发展人类学家认为，发展的思想自 20 世纪 70 年代中发生了巨大的变化，强调考虑发展活动中的社会文化因素。人们看到自上而下的技术和资本密集方法收效不佳，于是转而对社会文化因素敏感起来。专家们现在也认识到，只有穷人——尤其是农村的穷人——积极参与，这些计划才有可能成功。这是个"以人为先"的问题。计划必须适应社会，符合文化，要做到这一点，就必须让直接受益者真正地参与。各种各样从事发展的机构里，有了越来越多的人类学家。通过人类学家对发展项目设计、管理和评估阶段的直接介入，使发展得以"少走弯路"。这种效果广为人知，在某些领域尤为显著，如住宅规划、农耕制度、河流盆地发展、自然资源管理、非正式部门经济等。不过，发展人类学家们认为他们的作用并不局限于个别领域，而在于能将制约着各种项目和当地人行为的社会组织条分缕析，并与应用研究相联系。①

罗伯特·钱伯斯（L. Chambers）是推动这场民本主义运动的先锋。在他那本再版达 17 次之多的著作中，他明确提出了"以末为先"（Put the Last First）的口号，也就是说把处于社会最底层、最边缘的穷人置于发展的第一位，这也是当今参与发展的标志性口号。②

如果说钱伯斯在发展实践层面推动参与发展的普及，那么英国人类学家塞利托（Salito）则是从"本土知识"（Indigenous Knowledge）入手，试图一方面在理论层面确立人类学在参与发展领域的学科地位，号召建立一种新型的应用人类学；另一方面回应福柯式话语批判导致的人类学对自身在发展领域学科定位的质疑。③

国内一批学者从 20 世纪末开始利用发展人类学的理念和方法进行了较为系统的实践应用④，出版的专著基于国际发展项目多年积累的实践经验，对参与式发展的具体操作理念和实践方法进行了较为全面系统的介绍，包括参与式项目的可行性调查、申请、立项、监测、招标、咨询、问卷设计、评估以及乡村快速评估方法（RRA）等。他们认为发展项目是发展实践的两个主要内容之一，另一个是发展规划。发展的内涵与理论必须在发展项目的全部过程中体现出来。有学者提出要赋权于项目目标群体或受益群体，认为

---

① ［美］阿图罗·埃斯科瓦尔：《人类学与发展》，黄觉译，《国际社会科学杂志》1998 年第 4 期，第 54—71 页。

② Chambers. R, *Rural Development*：*Putting the Last First*, New York：Longman, 1983.

③ Sillitoe. P., "The Development of Indigenous Knowledge", *Current Anthropology*, 1998. 39（2）.

④ 李小云主编：《参与式发展概论》，中国农业大学出版社 2001 年版；叶敬忠、王伊欢编：《发展项目教程》，社会科学文献出版社 2006 年版。

赋权（Empowerment）是参与式发展的核心理念，并在实践中运用了国际上流行的参与式乡村评估（Participatory Rural Appraisal）方法，以期将项目受众视为发展主体，以尊重差异、平等协商、合理赋权为基础，在"外来者"协助下，通过社区成员积极、主动的广泛参与，实现社区可持续的、有效益的发展，即所谓"内源式发展"，最终使社区成员能够共享发展成果。①

陆德泉以2009年国际人类学大会为基础编著的论文集，案例与理论分析并存，重点讨论了发展人类学的实践方法（如能力建设、口述见证、传统再造、公平贸易等）和理论反思（如发展工作的中国化、参与实践的片面性、社会性别视角在实践层面的扭曲等），认为在讨论发展工作在中国的水土不服时，要更加明确对发展概念和发展工作内涵的理解，不能简单地概化为国情论和中国文化本质论，需要填补发展工作者与发展工作研究者之间的鸿沟，建立知识—实践—反思—再实践的社会建构过程。②

一些运用发展人类学进行的案例研究也值得借鉴，它们往往将理论的运用和实践层面更加细致地展现出来。中山大学杨小柳在对一个德国基金项目的研究中，从自上而下的参与式规划、项目目标群体的参与能力建设、参与式项目管理和监测、项目执行机构的参与式思路等几方面展开分析，展现了"参与式"在西方发展援助组织、中国学术界、中国政府已有的扶贫体系以及项目的目标群体等几大利益相关群体基于扶贫项目的互动中被层次改变。其中，改变参与式发展理念的主要力量来自我国政府自成一体的扶贫体系的中国化力量；③华东师范大学的田静博士在其博士学位论文中，从发

① 周大鸣等：《寻求内源发展：中国西部的民族与文化》，中山大学出版社2006年版。
② 陆德泉、朱健刚主编：《反思参与式发展——发展人类学前沿》，社会科学文献出版社2013年版。
③ 杨小柳：《参与式行动：来自凉山彝族地区的发展研究》，民族出版社2008年版。

展人类学的视角对云南省一个贫困民族乡的教育展开研究，认为现代化运动为乡村社会、教育与国家社会建立联系提供了新的"链接"，同时，也改变着地方知识。贫困落后地区应走内生式与外源式发展相结合的发展之路。在这一路径中，学习型乡村的建设是发展的基础，外来干预和地方参与相结合是发展的关键；① 一项对"寿光模式"下山东某村蔬菜业的研究显示，由农民对市场经济的调适性智慧产生的发展模式被政府强化并进一步推广，使得内聚了生活方式、制度化和文化的整体的地方性模型被"发展"或"现代化"之名的同质化的生活和生产方式所摧毁。政府发展干预的"普遍主义"取代了农民的多样性调适策略，而这会使整个社会处于风险之中。②

2. 发展人类学理论对"发展"概念的阐释

发展（Develop）一词至 17 世纪才正式出现在英语中，在此之前的词形是 Disvelop，本意为打开、展开。18 世纪时，这个词为新兴的生物学所用，用以指涉人类心智的发展，因而与进化（Evolution）一词关系紧密。19 世纪，"发展"成为社会科学古典进化论的关键词之一，特别用于解释经济变迁，尤其是工业化和市场经济的变迁过程。传统的经济学理论将发展视为经济体量的增长，这一理念与发展的进化论意涵不谋而合，对发展主义的普及起到了极大的推动作用。所谓发展主义即将发展视为一种信仰，以经济发达的西方国家作为发展的样板，认为社会的诸多问题都将在向这些样板靠近的过程中消弭。Crewe 和 Harrison 总结了二战以来的"发展"，指出四个概念取向：一是继承了古典进化论思想，将发展视为进

---

① 田静：《教育与乡村建设——云南一个贫困民族乡的发展人类学探究》，华东师范大学 2011 年博士学位论文。

② 董丽霞：《小村庄里的"大棚"——发展人类学视角下的"寿光模式"》，复旦大学 2012 年硕士学位论文。

化，即从传统向现代的过渡；二是技术进步被视为发展的关键部分和动力；三是市场经济的扩张和理性经济人的培养；四是传统文化被视为发展的障碍和对象。[①]

自 20 世纪 80 年代开始，以经济学家佩鲁为代表的一批学者对传统发展观进行了猛烈批评，开始提倡多样化的和以人为本的新发展观。[②] 经济学家阿马蒂亚·森将发展视作扩展人们享有的真实自由的一个过程。[③] 在发展观的革新历程中，人类学尤其是发展人类学贡献了丰富的智力成果。传统人类学理论中的相对主义将多种发展方式置于平等的地位，而人类学的整体观更是将发展视作社会各个部门的联动过程。对底层、边缘和个体的关注是人类学的研究传统，自 20 世纪 60 年代以来，参与式发展理念的流行以及人类学家的深度参与更是将发展人类学推到了批判传统发展理念的前排。发展人类学批判同质化的西方式的发展道路，而主张重视地方性知识和社区土著的发展意愿，认为发展并不仅是经济体量的增长，而是人与社会的全面、可持续发展。正如有学者所言："将'发展'等同'经济增长'，再讲'经济增长'等同美好生活的信念，本是特定的历史产物，但却被看作普泛的真理，支撑着整套发展主义的话语，将丰富多元的人类需求和自然生态，约化成单一的向度"[④]。

马翀炜认为西部发展应借鉴有利经验，但不能成为西部发展的机械模式。民族发展的道路不是前定，而更多是在外力冲击下的自我调适，乃至是民族文化内部具有的发展需求而造成的一种变化。

[①] Crewe E., Harrison E., *Whose development. An Ethnography of Aid*, New York: Zed Books, 1998.

[②] 佩鲁：《新发展观》，张宁、丰子义译，华夏出版社 1987 年版。

[③] ［印］阿马蒂亚·森：《以自由看待发展》，任赜、于真译，中国人民大学出版社 2002 年版。

[④] 许宝强、汪晖选编：《发展的幻象》，中央编译出版社 2001 年版，第 3 页。

"传统"无法整存，真正的民族发展是以保持其自身文化精髓为前提的；① 有学者基于当前中国的地区发展状态，认为各民族所处的生境各不相同，从什么样的途径，继承什么样的传统，实现本民族的现代化无法走完全一致的道路，更没有统一的模式可以一刀切式地执行；② 唐纳德·E. 沃斯对二战后发展理论的发展进行了梳理，提出了发展是一个综合的协调的社会经济转型过程的理论，将发展视为涉及整个经济和社会体系的重组和重新定位。基于这一看法，其认为发展中的公众参与对促进发展具有重大的政策意义；③ 中国社会科学院的叶舒宪研究员在一次人类学家座谈中提出，西方式的资本主义生产和生活方式只是千百种人类生存方式之中的一种，人类社会的发展之路应该有多样化的选择；④ 还有学者认为在我国传统知识处于被边缘化的境地，其反映为用现代科技思维方式、标准来编撰传统知识，用现代知识产权保护的制度框架来讨论传统知识保护的问题。而保护传统知识，是为了人类的可持续发展和保卫人类现在和将来发展模式的一个选项。因此，应建立适合传统知识的价值准则、评价标准和保护和开发理论和方法，才能实现事实上处于霸权的现代科技的平等。⑤

地方性知识在发展中是否只能保持尴尬的弱势地位？而小型社区在主流发展意识的影响下是否别无选择？这一直作为发展人

① 马翀炜：《人力资本的经济人类学分析》，《广西民族研究》2003 年第 3 期，第20—24 页。
② 罗康隆等：《发展与代价——中国少数民族发展问题研究》，民族出版社 2006年版。
③ ［美］唐纳德·E. 沃斯：《国际发展理论的演变及其对发展的认识》，孙同全译，《经济社会体制比较》2004 年第 2 期，第 1—12 页。
④ 叶舒宪：《人类学质疑"发展观"》，《广西民族学院学报》（哲学社会科学版）2004 年第 4 期，第 13—16 页。
⑤ 刘金龙：《发展人类学视角中的传统知识及其对发展实践的启示》，《中国农业大学学报》（社会科学版）2007 年第 2 期，第 133—141 页。

类学研究中的一大困惑，针对这样的问题，庄孔韶认为重构一种变化了的新生计生态系统就不得不开展改善旧有系统失序状态的研究。从文化中断到文化适应，恰当的技术支持和促进文化的整合是缺一不可的。其中，地方族群的主体性地位之保持是最重要的前提，而寻找生计方式与文化心理上的转换时空是文化适应的必要过渡期；① 从历史层面的发展反思令人耳目一新，张茂元、邱泽奇基于对近代长三角和珠三角地区机器缫丝业的发展过程的比较，认为在社会结构或文化的约束下，技术红利对相关利益群体的普惠，成为影响技术应用成败的关键，而普惠的关键又在于技术的适用性改良。②

（二）"发展的人类学"的研究

埃斯柯巴（A. Escobar）以话语分析为工具，他对当今世界占据主导地位的发展话语进行了回溯和质疑，梳理了发展话语出现的主要历史条件和思想根源，以及第三世界、不发达国家的话语建构过程。他以发展话语的基础——经济发展为切入点，总结了发展话语所包括的知识专业化和实践制度化的主要原则，以及这套话语是怎样成为人们思考和解决不发展问题的霸权模式的。③《国际社会科学杂志》中文版译出了埃斯科巴（Escobar）《人类学与发展》一文④，较为全面介绍从人类学对发展的相关研究，对人类学与发展研究中的两种观点：发展的人类学与发展人类学分别做出介绍，并

---

① 庄孔韶：《可以找到第三种生活方式吗？——关于中国四种生计类型的自然保护与文化生存》，《社会科学》2006 年第 7 期，第 35—41 页。

② 张茂元、邱泽奇：《技术应用为什么失败——以近代长三角和珠三角地区机器缫丝业为例（1860—1936）》，《中国社会科学》2009 年第 1 期，第 116—132 页。

③ ［美］阿图罗·埃斯科瓦尔：《遭遇发展——第三世界的形成与瓦解》，汪淳玉等译，社会科学文献出版社 2011 年版。

④ ［美］阿图罗·埃斯科瓦尔：《人类学与发展》，黄觉译，《国际社会科学杂志》1998 年第 4 期，第 54—71 页。

且对两者近年出现的新动向即两者的调和倾注了希望。

与埃斯柯巴相比，来自福格森的批判显得更加人类学化。福格森的写作灵感来自福柯对监狱的分析，与埃斯柯巴证明"发展无效"的路径不同，福格森试图探讨的是发展机器（Development Machine）为什么能够在不断失败的同时，却获得不断的延续。①

北京大学的朱晓阳一直致力于对中国的发展干预事业的反思和本土化的再思考，认为当下一些发展机构的所谓"参与式"并无实际效果，反而成为底层人民为迎合发展工作者以获得援助的交换策略。且当前扶贫工业的成果并没有使穷人脱离作为社会地位的"贫困"，而更倾向于对"穷人"的控制。发展工业正愈发显得是一种社会控制的工具，其实践也越发具有社会控制工具的色彩。同时他还批判了在参与发展实践中性别分析的生硬应用，且认为当前参与式发展实际是发展/援助工业系统在知识话语层面的内在冲突和试图以折中主义来摆脱困境的努力。提出所谓"根本的参与式"的理想类型，以助于真正意义上的"赋权"和"参与"。②

杨小柳综述了西方人类学中发展的话语研究，为相关研究提供了文献线索；③有学者认为国际发展机构在进行发展干预时过于强调当地人的"参与"，以至于出现了"参与"的"表象"。发展研究者一直把发展作为一种"变化"去研究，而发展实践者在推动着

---

① Ferguson. J, *The Anti-politics Machine*："*Development*"，*Depoliticization and Bureaucratic Power in Lesotho*，Cambridge：Cambridge University Press，1990.

② 朱晓阳、谭颖：《对中国"发展"和"发展干预"研究的反思》，《社会学研究》2010 年第 4 期，第 10 页；朱晓阳：《反贫困的新战略：从"不可能完成的使命"到管理穷人》，《社会学研究》2004 年第 2 期，第 98—102 页；朱晓阳：《进入贫困生涯的转折点与反贫困干预》，《广东社会科学》2005 年第 4 期，第 178—184 页。

③ 杨小柳：《发展研究：人类学的历程》，《社会学研究》2007 年第 4 期，第 188—206 页。

这种"变化",因此实践者与研究者在反思时出现了视角上的"断裂";① 侯豫新认为若缺乏对发展概念的反思,仅关注所谓项目规划、目标行动、经济指标、先进与落后、改变与被改变,人类学的发展项目将步履艰难。而人类学的发展项目往往纠缠于日常现实和科学现实的冲突之中,概念上仅仅是对西方理念的转译。本应作为项目评估重要一点的"幸福感"却被忽略,桎梏于心理学领域。事实上,只有冲破学科自我中心与对经济、政治话语的过度依恋,发展人类学才能够获得学术价值的真正实现。②

　　总而言之,发展人类学提供了所谓唯科学论或唯西方论之外的对发展内涵的新的理解,对发展过程中存在的话语权力进行了深刻剖析,这样的反思甚至于延伸到发展人类学的实践之中。相对经济中心论和技术中心论的观念,人类学的发展研究更重视对文化层面和人的精神层面的观照,并将研究延伸至日常生活的方方面面,而并不以经济数据论长短。在实践层面,发展人类学强调"参与式"和"赋权",突出底层视角,通过对权力网络的重新安置,调动项目承担者和受益者即当地人的发展动力,称之为内源式发展。当前我国政府正在寻求向"服务型政府"的角色转型,相关策略将对其颇有助益。发展理论兴起要追溯到欧美国家的现代性反思理论,充斥其中的是殖民主义、市场经济体系、资本主义制度等不符合当代中国实际情况的论点。因此,在研究中,不仅要兼顾中外学者的研究,还需要从经典理论中汲取营养,更要从问题出发,正视田野点的实际情况。

　　① 郭占锋:《走出参与式发展的"表象"——发展人类学视角下的国际发展项目》,《开放时代》2010年第1期,第130—139页。
　　② 侯豫新:《发展人类学之"发展"概念与"幸福感"相关问题探析》,《广西民族研究》2009年第2期,第65—70页。

三　生态人类学

生态人类学（Ecological Anthropology）是一门"以文化解读生态环境或以生态环境解读文化"的交叉学科。[1] 20 世纪 90 年代以来，环境人类学（Environment Anthropology）或新生态人类学（New ecological Anthropology）成为具有取代生态人类学趋势的一个新的学科概念。美国俄勒冈大学人类学系的比尔赛克（Alctta Biersack）在 1999 年 3 月号的《美国人类学家》杂志上发表了论文《从单数的"新生态学"到复数的"新生态学"》，指出生态人类学发展的新趋势——复数的新生态学或多种生态学的理论特点，所谓复数的新生态学分为象征、历史和政治生态学。[2]

历史生态学认为，景观是自然和文化之间碰撞的产物，人造景观是构建环境的一种形式，其保留着关于习俗的保持或更改、决策、与思想的形塑等精神活动的物质证明。景观之内，人与环境可被视为一个整体——多向度的、历时性的与整体性的研究与分析单元。同时，历史生态学认为，在自然世界中，人类物种本身就是一种变化的主要机制，与自然选择的定性机制同等重要。人的能动性表现于景观之内对资源管理的意向性，对土地利用的复杂战略以及结构化的生产活动等。因而，历史生态学关注于人类社会如何适应其生存活动、季节性迁移、人口规模、定居等环境中的先在性制约因素，同时也承认人类的认知、智力与审美能力以及寓于环境资源和生产策略之中的独特能动性。而历史生态学的核心目标即在于理解人类在创造与维护这种文化与环境相互

---

① 尹绍亭、[日] 秋道智弥主编：《人类学生态环境史研究》，中国社会科学出版社 2006 年版。

② Biersack A., "Introduction: From the 'New Ecology' to the New Ecologies", *American Anthropologist*, 1999. 101（1）.

关系中所扮演的角色。① 总结说来，历史生态学具有两个基本特征：一是关注于历史景观，并将景观作为一个文化文本进行解读，二是以人类或人类活动为中心，强调于人的能动性，以更加辩证的角度来看待人类与环境的相互关系。

政治生态学批评旧的生态学只关心它们封闭的分析单位，而忽视了村庄与国家，地方与全球的社会关联。当今世界上几乎没有什么地区不受到全球化、殖民计划和资本主义的渗透，因此有必要去关心地方是怎样受到殖民主义、市场化和国家的影响。新生态人类学的一个显著的特点就是拒绝了原来的"文化孤岛"概念：将文化当作无时间的和纯粹孤立的观点已经过时了。原来被当作对当地体系的搅扰与扭曲的外界影响与历史变迁，现在则成为关注的焦点。因此，作为宏大叙事的政治生态学一方面关注资本主义的历史，并将其批评重心放在此历史在全球范围内所造成的发展不平衡状况（因为资本主义发展需要从世界体系的边缘地区索取廉价的劳动力和自然资源）。这表现为一种强调系统或结构力量的"中心"的分析模式。另一方面，政治生态学中还出现了一种"去中心"的模式：分析特定的地方、区域乃至国家在面对全球化和世界体系时所采用的话语和实践，特别是那些与环境资源有关的社会运动和抵制技术。②

新生态人类学打破了固有的"环境决定论"，而更倾向文化对环境的影响。历史生态学对景观的重新解读以及政治生态学对世界体系和话语实践的关注都十分有助于研究麦地坡的生态转型。在麦地坡，无论是传统的耕牧结合的生计方式，还是后来兴

---

① Balée, W./Erickson, Clark L., *Time and Complexity in Historical Ecology: Studies in Neotropical Lowlands*, New York: Columia University Press, 2006.

② 张雯：《试论当代生态人类学理论的转向》，《广西民族研究》2007 年第 4 期，第 34—39 页。

起的矿业开发，人与环境无时不发生着密切的互动。在社会转型的过程中，麦地坡人对生态的态度在生计和景观的变迁中有着显著的表现，诸如仪式与生产过程中对绵羊和山羊发生着截然不同的偏爱、在民族语言中以一种地形的形容词来命名一个家族、请巫师释比来为新开的矿洞祭祀祈福、在修路问题上对少小民族拨款在各民族间均匀分配的不满等。这一系列人与生态的互动实践，都昭显着政治、发展话语以及全球化都对这个偏僻村庄的生态产生复杂影响。

四 农村社会变迁与转型

对发展的讨论常常涉及生计方式的变迁，而生计变迁必然会对个体的收入、消费、生活态度以及社区的社会结构、传统文化、宗教仪式等产生进一步的影响。事实上，在介入对社区发展的田野研究时，第一步映入眼帘的往往是社会变迁的种种表象，而这往往会成为我们进一步研究和反思的切入点。麦地坡人对开矿这些年村庄变化的直观感受十分强烈，这些感受是我能够接触到的最鲜活的田野材料。从这些感受中，我不仅对麦地坡的村庄发展史有进一步的了解，更借由此对中国农村社会的发展产生进一步的思考。"正如费孝通、阎云翔的社区研究，都秉承'大处着眼，小处着手'的方法论，试图通过研究'有形村落'来认识'无形中国'"①。

对农村社会变迁的相关研究着重于乡村社会中以生计变迁为触发点而引致的一系列社会事项的变化，如社会结构、聚落景观、居民收支等诸多方面。在这一方面，一些前辈学者的经典民族志研究能够为本研究和写作提供一些示范性的参考。费孝通描述了因国际

---

① 刘小峰：《从"有形村落"到"无形中国"——社区研究方法中国化的可能路径》，《中国社会科学报》2012年2月13日。

丝业市场的变化，而导致太湖边一个传统蚕丝产地内的小村庄的社会变迁过程，细致地探讨了与当地村民生计变迁相关的一系列诸如祭祀、婚丧、消费、社会阶层、土地流转等方面。通过对中国农村社会变迁的一系列研究，费孝通提出了"差序格局"的概念，认为中国人的处世观是一种从核心家庭出发亲密程度和贡献愿望由近及远依次衰减的状态，十分精到；林耀华对黄东林生平的描述投射出中国社会中个体在与家族乃至社区的密切联系中跌宕沉浮的缩影，作者以一个用有弹性的橡皮带紧紧连在一起的竹竿构成的网来喻指我们日常交往的圈子，认为在社会的剧烈变迁中，随着个体的变化，关系网也会随时调整保持动态的平衡，并将新的形态反馈给身处其中的每一位个体；黄树民案例性地使用了个人生命史的研究方法，通过一位村支书的个人回忆描述了中国社会的剧变在一个平凡个体身上的展现，他认为自 1949 年之后，一种全国性的文化开始在中国弥散开来，而每一次社会的整体变迁都对社区中的个体影响各异。[1]

詹姆斯·C. 斯科特以马来西亚"绿色革命"对农业产生的巨大影响为背景，描述了因为双耕和大型收割机的引入导致当地农村社会结构的急剧变迁和阶层差异的迅速扩大，通过对马来西亚农民反抗的日常形式——偷懒、装糊涂、开小差、假装顺从、偷盗、装傻卖呆、诽谤、纵火、暗中破坏等的探究，作者认为，农民利用心照不宣的理解和非正式的网络，以低姿态的反抗技术进行自卫性的消耗战，用坚定强韧的努力对抗无法抗拒的不平等，以避免公开反

---

[1] 费孝通：《乡土中国》，上海人民出版社 2007 年版；费孝通：《江村经济》，戴可景译，上海人民出版社 2007 年版；林耀华：《金翼：中国家族制度的社会学研究》，庄孔韶、林宗成译，生活·读书·新知三联书店 2008 年版；黄树民：《林村的故事：一九四九年后的中国农村变革》，素兰、纳日碧力戈译，生活·读书·新知三联书店 2002年版。

抗的集体风险。① 在麦地坡的矿业开发过程中，人们以普遍的骚扰极大地增加了本地人在看守矿洞的利益上同外地老板的谈判筹码，同时，人们对偷矿的行为采取了部分默许的态度。大家认为这不是"偷"，而是"拿"，因为这是自己的山。外来的老板利用雄厚的资金（非法）开采矿山，本地人也采取着种种"非法"的途径将利益分流。直至矿山关停，他们也依然采取着偷窃、抱怨、控诉等行为对政府的扶贫安置施加压力，同时也继续维持着较富人群对集体的较大义务。

　　社会变迁更激烈的状态往往表现为社会转型，它是在较短时段内发生的较为剧烈的社会变迁。在转型前后，社会常常会呈现出迥然不同的两种状态，具有由量化堆积为质化的意蕴。阎云翔将当代中国的社会转型表述为"中国社会的个体化"，即由于改革开放的结果，中国社会愈加展现出第二现代性时代的许多个体化特征以及在西方应当属于现代时期甚至前现代时期的其他特点。个体开始冲破旧有的国家、集体、亲属体系、思想等的限制，而更多地追求个体的自由。然而基于特殊的历史背景所产生的个体化往往导致了所谓"无公德个人"的崛起，即"没有个人主义的个体化"。而这是当代中国在转型时期产生的诸多现象的根源之一。这样的发现主要基于阎云翔对下岬村的持续调查研究，他将目光聚焦于中国农民的日常生活，从礼物馈赠、消费文化、道德认知、聚落空间等多维度剖析了中国农村社会变迁的微观层面，进而延伸到宏观层面，并由此对中国社会的转型做出了自己的思考。②

---

　　① ［美］詹姆斯·C. 斯科特：《弱者的武器》，郑广怀、张敏、何江穗译，译林出版社 2007 年版。

　　② 阎云翔：《礼物的流动：一个中国村庄的互惠原则与社会网络》，李放春、刘瑜译，上海人民出版社 2000 年版；阎云翔：《私人生活的变革：一个中国村庄里的爱情、家庭与亲密关系：1949—1999》，龚小夏译，上海书店出版社 2009 年版；阎云翔：《中国社会的个体化》，陆洋等译，上海译文出版社 2012 年版。

孙立平认为中国社会自 20 世纪 90 年代以来的社会转型过程中，发生了所谓先进部分与其他部分的失联，即社会的"断裂"。而社会的底层尤其是农民不能从经济增长中直接受益并使自己的生活得到绝对意义的改善。基于对现代化理论和发展理论的梳理，孙立平对社会主义经济制度在社会转型时期表现的特殊性进行了思考。认为中国社会转型因其独特的历史因素，非制度的作用更为显著，为普通人在行动中运用技术和策略提供了更大的空间。而实际上，中国改革和转型的实际过程，就是人们在实践中博弈的过程。[①]

基于对社会转型的研究，一些学者提出了一些富有操作性的方法论和概念。李强等推介了生命历程研究的范式与方法，详细论述了相关理论如雷德尔的"同龄群体效应"、里雷伊的"年龄分层理论"、收入动态追踪及事件史分析方法。轨迹和变迁是目前生命历程范式的基本分析主题。作者认为这种方法将有助于从"小问题"来做"大文章"，关注在中国的社会转型过程中个人生活的变迁；[②] 吕炜、王伟同提出了"发展失衡"的概念。认为发展阶段型失衡和政府责任型失衡的混合状态是中国当前发展失衡的本质属性。中国经济转轨时期的体制制约了政府的效率，并导致了政府行为的偏差，是当前发展失衡的根本症结所在。[③]

在对麦地坡的研究中，我们若将视域在空间和时间上来回缩放，就能够同时对变迁与转型、农村与国家进行探讨。具体而言，

---

① 孙立平：《转型与断裂：改革以来中国社会结构的变迁》，清华大学出版社 2004 年版；孙立平：《社会转型：发展社会学的新议题》，《社会学研究》2005 年第 1 期，第 1—24 页。

② 李强、邓建伟、晓筝：《社会变迁与个人发展：生命历程研究的范式与方法》，《社会学研究》1999 年第 6 期，第 1—18 页。

③ 吕炜、王伟同：《发展失衡，公共服务与政府责任——基于政府偏好和政府效率视角的分析》，《中国社会科学》2008 年第 4 期，第 52—64 页。

在中时段和宏观的视域下，我们似乎可以从中获得国家转型的一瞥。而在短时段和微观的视域下，我们又能够明晰地触碰到一个村庄的变迁过程。在这里，矿产开发是一个研究切点，而真正要询问的是在中国的社会转型过程中农村的变迁以及农民的选择。

第二节 兰坪的矿业资源与经济发展

在相关研究中，兰坪被认为是资源富集型贫困地区，其发展模式过度依赖矿产资源开发，形成路径依赖，导致地区经济社会的发展和进步缺乏创新和活力，所谓"经济"高地阻碍了发展。当前，兰坪面临资源枯竭和产业结构转型的巨大压力，亟须多元化的产业培育。兰坪"以工补农"的条件已经成熟，应通过产业结构的阶段性调整实现农民的脱贫致富，诸如着重培育已有的农业品牌，实行农业的规模化、精细化生产，延长产业链。[①]

同时，兰坪属于三江源保护地范围，矿电资源的无序开发对环境产生了巨大的压力。[②] 由于开采时间较长、管理混乱及其他多方面的原因，兰坪采矿业往往采富弃贫，采易弃难，采浅弃深，采厚弃薄，在造成巨大的资源浪费的同时产生了大量的废弃地，对区域生态系统产生了剧烈冲击。[③] 且国际矿石市场的供求波动对兰坪产生直接影响，促使兰坪尽快调整存在已久的几个问题：长期处于群采、粗放型开采状态，矿山开采秩序混乱与环境污染和

---

① 张利泉、张重艳：《西部民族资源型地区产业结构调整问题研究——以兰坪白族普米族自治县为例》，《中国高新技术企业》2010 年第 4 期，第 69—71 页。

② 杨笛：《保护地矿电资源开发环境法律问题研究——以云南兰坪为例》，昆明理工大学 2010 年硕士学位论文。

③ 胡斌、张理珉：《兰坪矿区采矿与区域生态系统发展初探》，《生态经济》2001年第 2 期，第 39—41 页。

安全隐患问题严重，计划性生产规模过小，与矿床规模比例不匹配，影响了金属的回收和经济效益。因此，兰坪矿业的发展需要按照现代企业制度的要求，走省、州、县联合，采、选、冶一条龙的路子，[①] 并加大矿产资源的合理开发与有效的管理力度，实现资源的有效利用和可持续利用。由此观之，对麦地坡的矿业关停政策不仅是国家发展方式转型的要求，也受到了国际矿业市场变化的直接影响。

对麦地坡人而言，开矿过程中的安全问题是矿山关停的主要原因。与此相关的无序开发状态存在于麦地坡矿产资源开发的始终，由此而引致的环境问题也受到了当地人的反思，人们会以资源扶贫和弥补退耕还林中补偿不足的损失来暗示其在经济效益与环境效益之间的平衡策略。然而，因开矿导致的林地和草地的破坏对耕牧结合的传统生计产生了影响，人们意识到矿不能开了，但开矿后满地矿洞的山上也不能再放牧了。老人们责备这样的行为，对关停矿洞的抵制似乎某种程度上被这样的"理亏"所中和。正如文献中所描述的，兰坪总体循着"先污染、后治理"的事实路线，眼下已然走到了"后治理"的阶段。国际市场和国家政策的推动是其改造传统矿业开发乱局的整体背景，偿还"环境债"则是兰坪发展方式转型的直接动力之一。

对经济发展的渴求背后是兰坪普遍贫困的生活状态。有学者认为主要是自然条件差、基础设施落后、观念落后和商品经济意识差、以及教育落后引致的人口素质低等方面的因素。因而需要通过提高人口素质，加大技术普及力度，大力发展旅游业，利用独特自然条件，大力种植经济作物，加大整合矿产资源的力度以促进附近

---

① 马娟、秦德先：《我国铅锌市场形势与兰坪铅锌矿的发展》，《昆明理工大学学报》（理工版）2003 年第 3 期，第 1—5 页。

的普米族农民向非农业行业转移等方式改善其贫困状态。[①] 有学者认为在当前的社会转型期，利益主体已不再局限于氏族体系或地域性的村社集体，个人身份意识逐渐彰显，并表达出明确的利益诉求，外部力量的介入加速了这一社会过程，社会的裂变将出现多元化的特征。以血缘为基础的氏族体系、以地缘为坐标的集体意识、以物质利益为主导的价值取向在普米族村寨民众的观念和实践中交互杂糅，村民的社会关系不再纯粹由个人身份（氏族、"成分"）规定，现代社会的契约意识使他们重新界定自我及他人。[②] 这也成为本地区发展转型的重要社会背景。

麦地坡所在的河西乡，乡民在经济上普遍落后，彼此之间保持着密切的血缘联系和氏族认同。在麦地坡，氏族体系、集体意识、价值取向在实践和观念中杂糅和冲突在矿业开发过程中的社会结构变迁上有着具体的展现。对于矿业的路径依赖也影响着麦地坡人对生计方式的选择，人们可能会放弃继续读书、传统耕牧以及其他"不来钱的活路"。由于矿业资源的开发，麦地坡村民的物质生活普遍比较宽裕，但大家对贫困的记忆与认同依然存在。风险极大的矿业开发使人们缺乏安全感，富起来的人行事作派依然与村民无异，正如有学者认为贫困是社会性的地位而不是单纯的经济状况[③]，而麦地坡人对贫困的意识在遭遇了矿山关停之后更为强烈，该学者进一步探讨了当前反贫困活动具有干预活动非动态的和信息滞后的毛病，认

---

① 李艳：《资源富集型贫困地区可持续发展路径探讨——以云南省兰坪县为例》，《安徽农业科学》2009 年第 2 期，第 870—873 页；张阳、李永勤、黄亚勤：《云南省兰坪县河西乡普米族贫困问题研究》，《云南农业大学学报》（社会科学版）2009 年第 2 期，第 22—26 页。

② 朱凌飞：《裂变与统合——对一个普米族村庄社会过程 60 年变迁的人类学研究》，《中央民族大学学报》（哲学社会科学版）2010 年第 5 期，第 25—30 页。

③ 朱晓阳：《反贫困的新战略：从"不可能完成的使命"到管理穷人》，《社会学研究》2004 年第 2 期，第 98—102 页。

为贫困生涯（对于一般人来说）是经由某种人生的"转折点"进入的。① 针对转折点的事实干预应该是避免许多人/家庭转入"贫困"陷阱的有效措施。对麦地坡人来说，停矿属于集体性"转折"，在这一节点各方力量的干预和互动都可能会影响个体的命运。

第三节　研究方法概述

论文着眼于资源开发、生计模式、生活方式、社会结构、传统文化等方面，采用文献调查、口述史、参与观察、数据统计和定量分析等方法，以一个少数民族村寨的变迁历程和所面临的现实问题，从人类学视角出发探讨发展问题。

一是对资源开发与村落发展史的研究。通过对麦地坡村的资源状况进行综合分析，探讨当地人从畜牧为主到耕牧并重，再到倚重矿产的发展过程，在国家政策主导与市场经济建设的语境中思考资源的开发利用与村寨发展之间的关系。

二是对生计方式转变与社会结构变迁的研究。通过对当地经济统计数据和具体个案的分析，对当地人的收入构成、消费结构、生活方式进行研究，探讨区域发展与乡村社会分层、社会关系调整、社会结构变迁之间的关系。

三是对村庄在适应性变迁中所承载力量的多维度分析研究。将麦地坡及其周边村庄、投资客、各级政府、企业等置于同一场域予以分析，展现麦地坡在当下的发展进程中促使变革的外界力量、变化的情况、承受变化的传统力量，综合探讨社区发展中社会结构适应性变迁的形态和方向及其所受到的内部及外部力量。

---

① 朱晓阳：《进入贫困生涯的转折点与反贫困干预》，《广东社会科学》2005 年第 4 期，第 178—184 页。

　　四是对资源开发与生态保护及可持续发展的研究。通过对麦地坡村生态环境及其变迁过程的分析，尤其是当前正处于转型过程关键节点的参与观察，探讨当地农、牧、矿等产业发展的可能路径，从"发展人类学"的角度提出可行性的建议，并从"发展的人类学"的层面对发展问题进行理论探讨。

第二章 兰坪、麦地坡的矿业开发历程

自秦朝开始，中央王朝便开始经略云南。到汉朝，始开矿产，尤以贵金属为甚。至于元朝，云南已是中国最重要的矿产资源产地。截至清朝，云南长时间为中国与东南亚诸藩属国的转接枢纽，实属内地，受中央王朝的干预颇深。各中央王朝将云南视为化外之地，对其资源掠夺颇为苛烈。云南被定位为资源基地，中央王朝对其本土发展并不重视，而专注于通过各类税赋和官办厂矿将云南各类资源收归中央财政。

近代以来，西方资本主义强国先后侵占南亚和东南亚多国，"云南边疆藩篱尽失，门户洞开，从大后方变为反抗侵略的前沿，成为中国西南的国防重镇"①。民国时期，云南的边疆地位突出，对云南的帮扶开发成为民族国家建立和发展的重要步骤。相关发展规划主张弃绝过往"烂取边财"的做法，代之以中央拨款、地方筹划等多方努力，促进本土发展，开发民智，重视国防建设，培育人民国家民族思想。对待土司取渐进主义，避开武装冲突，而以发展为要。这些努力极大地推动了云南本土的发展，为抗日战争时期作

---

① 林文勋主编：《民国时期云南边疆开发方案汇编》，云南人民出版社 2013 年版，前言第 2 页。

为大后方奠定了坚实的基础。

中华人民共和国成立初期，百废待兴，国家和人民急切需要将经济生产迅速恢复发展。彼时工业技术落后，生产方式十分粗放。同时，诸多其他因素以及人民群众普遍对于发展的急切盼望，导致后期出现了发展目标上的不切实际。"人们依其对发展的想象发动了一系列发展运动，1958 年的"大炼钢铁"便是其一。此时国家制定的发展政策侧重于国际和国内形势，云南也毫不例外地卷入其中。

1978 年党的十一届三中全会后，国家将工作重心重新转移到经济建设上来，提出"改革开放"的施政方针。邓小平提出"不论黑猫白猫，抓到老鼠就是好猫"，所谓"抓住老鼠"即为促进经济增长之意，"发展才是硬道理"被很多人视为座右铭。此时，国家与个人的命运紧密牵连在一起，政策改革对人们的生活产生了前所未有的巨大影响。有学者谈到，政策红利使得"在改革的最初几年（1978—1984），按世界银行的说法，中国的贫困发生率由 1/3 降低到 11%，即从 2.5 亿左右降为不足 1 亿"[1]。高速的经济增长赋予了人们对当时发展理念的极大信心，这样的热情在 20 世纪 90 年代达到了高潮。这一时期，主流的发展理念是以经济增长为首要原则。

进入 90 年代后期，随着我国社会矛盾和环保问题的加剧以及一批老资源基地的衰落，环保和资源的合理开发受到越来越多的支持。1995 年，党中央、国务院把可持续发展作为国家的基本战略，号召全国人民积极参与这一伟大实践，提出工业发展由粗放型向集约型转化，同时提高资源开发的生态标准。标志着经济增

---

[1] 朱晓阳、谭颖：《对中国"发展"和"发展干预"研究的反思》，《社会学研究》2010 年第 4 期，第 175—198 页。

长不再是唯一的发展指标，社会和谐和环境保护也逐渐被加入发展的评估体系。

2010年国务院颁布《全国主体功能区规划》，规划按开发方式，将全国分为优化开发区域、重点开发区域、限制开发区域和禁止开发区域。按开发内容，分为城市化地区、农产品主产区和重点生态功能区。根据规划，云南省政府根据本省省情于2014年1月颁布了《云南省主体功能区规划》。其中，怒江州全境属于全国重点生态功能区之一——青藏高原生态屏障的南缘，境内大部分地区属限制开发区域，部分地区属禁止开发区域。作为重点生态功能区，怒江州的发展方向是要以保护和修复生态环境、提供生态产品为首要任务，其功能定位为保障国家生态安全的重要区域，人与自然和谐相处的示范区。

根据《全国主体功能区规划》，限制开发区的开发管制原则规定：开发矿产资源、发展适宜产业和建设基础设施，都要控制在尽可能小的空间范围之内，并做到各类绿色生态空间面积不减少。同时，在重点生态功能区内的矿产资源开发需形成点状开发、面上保护的空间结构，必须进行生态环境影响评估，尽可能减少对生态空间的占用，并同步修复生态环境。这些规定大大增加了对矿产资源勘探及开采过程中的管理难度和技术水平的要求，需要对矿产资源的集中有序开发。并在此基础上，增强政府对矿产开发的管控能力，尤其是环保和安全追责制度的落实。基于主体功能规划，兰坪的发展不再以经济增长为第一要务，代之以生态保护作为其发展的优先诉求。

对于以生态保护为"第一要务"的重点生态功能区，中央政府制定了详细的生态补偿制度以弥补其经济增长的限制，以生态环境保护指标和基本公共服务状况指标作为转移支付的主要考评依据①。此外，矿业开发的集约化也很早便伴随着可持续发展理念的推动而在全国渐次施行。早在 2004 年，以山西为代表的资源型地区进行了大规模的整顿，关停小矿黑矿，进行矿产资源重组，推行集团化运作，积累了很多经验。同时伴随着国际金属市场的波动，低级产能的淘汰已属必然。麦地坡泰丁矿山从 2014 年 7 月开始的彻底封停就是生态和市场双重压力下国家发展方式转型在矿产开发领域的微观表现。

第一节　古代时期兰坪的矿业开发历程

春秋战国时期楚国将军庄蹻开滇（约公元前 339—前 329），滇池地区完成了历史上第一次民族融合，以滇池沿岸地区为核心发展出的古滇国产生了相当完善的阶级统治系统和较为先进的生产技术。秦朝时期，中央王朝便在邛都（今四川凉山州、云南永仁、大姚、丽江）设立了郡县，并修建了"五尺道"，直达滇中。自此，中央王朝对云南的经营正式拉开了序幕。至于汉武帝时期修通了一条达至今曲靖地区的道路——僰道，并在云南少数地区如建水、石屏一带设立了县治。

公元前 109 年，汉武帝派兵征滇，滇国臣服，其首领被封为"滇王"，朝廷赐予金印。同时，设立了以今晋宁地区为核心的益州郡。伴随着中央王朝对云南控制力的增强，以冶金为代表的资源开发力度渐强。《汉书·地理志》中记载了当时云南金属矿藏的发现情况："俞元（今澂江、江川一带）……怀山出铜"，"律高（今

---

① 详情参见财政部 2011 年制定颁布的《国家重点生态功能区转移支付办法》以及 2011 年财政部与环境保护部联合颁布的《国家重点生态功能区县域生态经济质量考核办法》。

弥勒南部)，西石空山出锡，东南瓳町山出银、铅"①。东汉著名的
"朱堤银""堂狼铜洗"均产自云南。东晋时期，中央设"铁官
令"，专事云南铁矿开发和铁器生产的管理。三国时期，诸葛亮南
征加强了内地汉族与西南民族的交流，同时，云南的冶金工业获得
了较大发展，为蜀汉北伐提供了后勤支持。隋唐时期，中央王朝持
续着对云南进行经营，唐朝在云南设立诸多羁縻州县，归属戎州都
督府、姚州都督府、安南都护府就近羁縻管辖，委托地方各民族首
领就任长官。而后，南诏在唐朝支持下统一了滇西，继而统一六
诏、爨区，脱离唐朝，成为一个独立的政权（公元752）。在其脱
唐之前，中央王朝委托姚州都督府在云南代收贡赋。甚为苛烈，之
后欲修筑"步头路"加强对爨区的控制。中央王朝与地方民族统治
阶级发生了激烈的利益冲突，云南的冶金业尤其是丰富的贵金属是
冲突产生的重要原因之一。彼时，云南金沙江、腾冲一带盛产沙
金，在内地以"云南块金"闻名。及至云南进入南诏和大理国统治
时期，独立的地方政权更是加强了对资源的开发，云南的金属采集
和铸造技术有了长远的发展。

　　1253 年，忽必烈南下消灭了大理国，统一云南，并于元至元
十一年（1274）设置了云南行省，屯驻重兵，建立了强有力的统
治。元政府对云南的矿业格外重视，设置了"诸路洞总管府"
（1267）、"淘金总管府"，以控制云南矿产资源开发。《元史·食货
志》记载，天历元年（1328），云南缴纳了全国最多的岁课。金占
全国岁课总数三分之一有余，银约二分之一，铜仅云南有，铁占七
分之一略少。云南的矿冶业无论是生产规模和岁课数量均居全国之
冠，当时云南的金属生产几乎占到中央王朝的半壁江山，足以表明

---

① 《后汉书·地理志》。

它对元代统治者的重要作用。除岁课之外，还有赋税纳金、贡金等各种征金之术，丰富的矿藏将中央王朝的发展与云南的资源开发紧密捆绑在一起，云南的矿业开始遍地开花。然而，沉重的贡赋成为云南各民族地区的巨大负担。

表1　　　　　　　　天历元年（1328）全国各地岁课表

地区	金（单位：锭）	银（单位：锭）	铜（单位：斤）	铁（单位：斤）
江浙	180	115		245867
江西	2	462		217450
潮广	80	236		282595
河南	38 两			3930
四川	7 两			
陕西				10000
云南	184	735	2380	124701
合计	446.45 两	1548	2380	884543

资料来源：数据源自云南大学历史系、陈吕范、袁任远等：《云南冶金史》，云南人民出版社1980年版，第14页。

明初，由于卫所制度，大量内地军民迁入云南，屯地生产，带来了大量的劳动力和消费需求，使得云南冶金业迅速发展。但由于常年开采，部分老矿产量下降、矿洞进深过大，官办矿厂产量无法达到国家征收数额。同时，许多军匠违反国家法令，自行私采，如宣德九年（1434），黔国公沐晟奏报："楚雄所属黑石江及泥坎村银场，军民盗矿，千百为群，执兵攘夺。"① 这些使得官办矿厂逐渐衰落，而民营采矿业伴随着宣德初施行"罢全国官办金银铜铁

_____

① 《明史·土司传》。

矿，听民自采"① 的放开政策开始兴盛起来。区异于官办厂矿的一
味压榨，民间自采由洞长和矿工现采先分，提高了劳动的积极性和
效率。云南的冶金业在民营矿业的蓬勃发展下产量迅速提高。与此
同时，明朝政府对其榨取愈甚，以白银为例，明成化十九年
（1483）岁课 102300 余两，较元天历元年（1328）高出近两倍，
占到彼时全国银课总数的一半还多。随着民营的更加发展，云南逐
渐成为全国的主要矿区。明中后期中央政府加征"贡金"，明末又
加征收"矿税"。沉重的负担引发了云南各地区的广泛斗争，明神
宗派去云南办矿税的太监杨荣被杀。云南的矿业发展在沉重的苛捐
杂税下也停滞下来。

清初，全国市场对钱币需求增大，大量铸钱带动了云南铜、
铅、锌、锡开采冶炼的快速发展。当时，清政府军费支出庞大，赤
字较高，为了发展经济，对云南矿产采取了鼓励政策，主要就是鼓
励民间私采。对于开矿商民，征收 20% 课税，其余可自行贸易。
而招商开矿有功官员可按例升级。这使得云南民营冶金业繁盛一
时，当时有禁私官办之声，均被否决。康熙在谕令中说道："有矿
地方，初开时即行禁止乃可，若久经开采，贫民勉办资本，争趋觅
利，籍为衣食之计，而忽然禁止，则已聚之民，毫无所得，恐生事
端。"② 实质上，就政府而言，矿业私采不无好处，一来可坐收矿
税，二来免却投资管理之烦。自民营私采政策颁行后，从康熙二十
四年（1685）至康熙四十五年，云南各种矿税增加了二十倍。由
此而来的是新的矿点也被不断开发出来，各种矿石的矿点遍及云南
各地。这对云南经济产生了巨大影响，根据学者的估算，仅"清代
云南铜矿生产中的槽、炉、炭、马各户在其全盛时期，拥有的劳工

① 《明宣宗实录》卷二八。
② 《清圣祖实录》卷二五五。

数量约计 7.4 万人，……综合各项测估，乾嘉时期云南矿冶开发常年投入的人力资源约为 10.9 万人。当时云南总劳力中，每 20 人有 1.16 人从事矿冶生产"①。

如前所述，兰坪自西汉起便已被并入中国中央政府的版图。据史书记载，兰坪在元时即有课银，明代亦征差发。吸引了剑川、丽江、鹤庆、洱源、大理以及江西、江苏、广西、湖南、河北、四川、浙江、贵州和云南等 9 省人员相继来此开矿。先后开办了回龙铜厂、回龙银厂、富隆厂、玉龙厂和白地坪厂等 46 个厂矿。古时便有"富隆厂、回龙厂、玉龙厂三厂炉火三厂银"的说法。清咸丰至同治年间（1851—1874）因社会动荡，银铜开采基本停顿。光绪年间（1875—1908），清政府采取"放本还铜"政策，丽江府招商开办四十里箐铜厂、八宝厂、永兴上下厂和白鹤厂，但效益不大②。

从元朝开始，丽江府先后通过富隆厂、白地坪厂、玉龙厂和回龙厂采冶银矿，这些厂矿的矿石多为铅银混合，经营者只提取银，清乾隆、嘉庆年间银矿采冶盛极一时。这一时期产生的大量炉渣被后世用做炼铅的原料，直至 20 世纪 70 年代仍未用尽。兰坪县自清康熙年间开始炼铅，当时铅的销路不广，产量甚微。咸丰、同治年间（1851—1874），狼烟四起，铅弹需求量增多，一时铅价猛增，丽江府派员督办，征收课税，解缴到省。光绪三十二年（1906）丽江府委托大理人（南京籍）厂商赵文奎承办富隆厂，开设"云南聚源盛"商号，为商办。雇用炉户四十户，淘洗古代炉渣，以土法冶炼粗铅，四人推拉风箱供风。向炭户收购木炭做燃料，对炉工炭户预支粮油布糖茶等，出铅后各折各价，或下次再结。年产粗铅

---

① 陈庆德：《清代云南矿冶业与民族经济的开发》，《中国经济史研究》1994 年第 3 期，第 69—79 页。

② 兰坪白族普米族自治县经济委员会编：《兰坪冶金工业志》（内部资料），1993 年，第 1 页。

约二十万斤，所产之铅销往鹤庆、剑川、祥云，每百斤价六元至十元，实收利润八千元。

石登乡回龙村的回龙厂背依老山、团山，面临光山，辉山、黑山排列左右，这里原系银铜兼出。元时已有课银。清乾隆三十五年（1770）改属丽江府，改炼京铜，三十八年（1773）定铜额七万斤，闰月加五千八百三十斤，课余定额京铜二万斤。根据通商条例规定：厂民每办获铜百斤，给通商铜十斤，抽收课铜十斤，官买余铜八十斤，每百斤给价银六两。四十五年（1780）产课余额有铜六万三千斤，课余未定额京铜二万斤。每百斤紫板铜给价银六两，每百斤蟹壳铜给劲银六两九钱八分七厘。所收余铜，发往下关店缴收，供本省铸币或各省采购之用。

兰坪的铁矿冶炼，始于清光绪二十四年（1898）袁景山开办江西里气屋厂。此厂便在距麦地坡所属的行政村三界村村公所6公里处的山坡上，三界村的普米族曾经也参与到这里铁矿的开发。在三界村的大三界有一"杨老爷"，因开采铁矿打制铁具颇积累了一些家业，至今在大三界仍可见到他曾经的房屋，形制为土夯房，木雕颇为精细。

从秦至今，中央王朝不间断地经营云南，对其发展的干预力度时强时弱。秦汉时便已开道路设郡县，而到唐宋云南进入了五百余年的独立政权时期，再至元朝设立行省，到了明朝施行卫所制度，汉人大量涌入，直至清朝改土归流，中央王朝彻底完成了对云南的管控。最迟从元朝开始，云南便成为中央王朝获取金属资源最重要的来源。这使得云南在国家发展格局中的地位凸显出来，对云南的矿业发展进行持续有效的控制和引导成为历届王朝的重要工作。在矿业资源的开发过程中，中央王朝与地方统治阶层、汉族与本地各民族、外来客商与地方政府等之间发生了复杂的互动关系，这对云南近现代经济和社会格局的产生具有不可估量的重要作用。

第二节　民国时期兰坪的矿业开发历程

民国三年，兰坪知事赵荃借故取消富隆厂原矿主赵文奎的矿业权，并于三年（1914）另招何运泰承办。次年，又改由赵文奎继续承办。同年，赵文奎病逝。在一份当年 6 月兰坪县政府呈往云南省财政厅长的公文中，兰坪县政府请求将富隆厂充公，由县长随时变卖，"以补公益，而维县治"①。最后被云南巡按使公署以"不独与矿业条例所载者不符，及与人民保有财产及营业自由之载于约法者违反"② 之由驳回，由赵文奎之子赵永熙继承其矿业权。赵永熙继续经营了 10 年之久，共计上缴课银 5773.5 元。可以看到，对于收益丰厚的矿业，地方政府早有意涉足。由于矿企的税收直接解赴省政府，地方难获其益，故而用度拮据，直至希望没收私产以填补收支亏空。高层政府对企业主个人权益的保护，维护了市场规律，从结果上看也是上层政府在与地方政府的博弈中维护了其长期利益。

民国时期，兰坪地区的矿业开发依然继承了清朝中后期的"放本还铜"政策且更为宽松。只要私人愿意开采，向云南省政府申请报批，获得许可后便可在规定矿区内自由开采，之后所得矿石也可自由流通，只需定期缴纳税款即可。洱源矿商吕咸熙从民国十年到民国三十六年在下甸村（今通甸镇东北方向）偏悬岩和新老山矿区进行开采，在下炉房支炉间断冶炼，历时二十五年

---

① 《李品桂等要求将富隆铅厂拨归公办给财政厅长的呈文》，载于兰坪白族普米族自治县经济委员会编《兰坪冶金工业志》（内部资料），1993 年，第 237 页。

② 《云南巡按使公署就李品桂等联名请将富隆厂拨归公办给该等的批文》，载于兰坪白族普米族自治县经济委员会编《兰坪冶金工业志》（内部资料），1993 年，第 238 页。

之久。在他的税款明细中，笔者发现当时税款分三类：产税、矿
区税、杂捐（又称公益捐）。以民国十七年为例，吕氏全年缴纳
产税两次，由省财政厅征收，1月和7月各结算一次，1月计产出
9000斤，7月计产出8000斤，每百斤市价20元，抽取千分之十
五的税款，产税共计抽取13元。矿区税每年分征两次，由省实业
厅征收，当时吕氏领矿区400亩，按0.3元/亩征收，每次征收60
元，全年共计120元。杂捐由省公安局征收，固定按每年100元
征收。民国十七年，吕咸熙病逝，其子继承。从民国十一年至民
国三十六年，吕氏父子向政府各个部门共计缴纳产税、矿区税、
杂捐洋1158元，国币417.8元。[①]

由于民国时期宽松的政策环境以及对私人财产的保护，兰坪的
矿业开发盛极一时。人们不仅开发新矿洞，还用新技术将古炉渣重
新提炼。对于地方矿事秩序的维护，不仅有政府参与其中，民间权
威也发挥着不可替代的作用。兰坪松坪子矿在民国二十五年前后最
旺，有100多名工人，挖的矿洞很多。其中的挂坝、聂达米因矿床
厚，引起矿商争端，在维西十老太爷干预下，拆毁了镶木，保住了
矿石。[②]

繁盛的矿业开发带动了诸多零售、服务等产业。麦地坡所属的
三界村村公所位于大三界村，与小三界村比邻，据大三界一位老人
所言，小三界（普米语为"者暇"）旧名为"小商街"，是由于清
朝到民国时候，此地银矿山开矿，来回的马帮和工人、商人等很
多，形成了一条街子。有学者考证此地"曾建有望月街、大商街、
小商街三条街道，简称三街，成为地名；1950年后以音近，通写

---

① 兰坪白族普米族自治县经济委员会编：《兰坪冶金工业志》（内部资料），1993年，第68—71页。

② 兰坪白族普米族自治县经济委员会编：《兰坪冶金工业志》（内部资料），1993年，第68页。

为三界"①。三界周边有两座银矿山，西边一座，东边一座。清朝开的东北边这座，10 多年前开了西南边这座②。

彼时，由于矿业开发有利可图，因而引进外地资本进入合作开发矿产是本地人获取矿业资源丰厚收益的最佳办法。最早洱源矿商吕咸熙进入下甸村开发便是以一位当地人的引进为开端。在东至岩社，一位曾被当地人称为"江南奇才"的和立纲便从过此业，据说他由于"在外面跑，世面见得广，政策了解得多"，最后"引进湖南老板一个，自己办了三个矿厂"。这个说法在麦地坡社一户姓李的人家得到了部分验证。出生于 1951 的李品盛这样说道："我们家到我是第五代，从长沙搬过来的汉族，祖先是过来这边办铜矿，之前住在三岔河那边，在三岔河山，跟和立纲合作办铜矿厂和水银矿厂，大概 19 世纪 20 年代从山上搬下来这边。当时是用马帮把矿驮出去，抗日战争的时候，矿运不出去，后面卖给了英国人③。家就败掉了，到解放后是划成了贫农。"

发生于晚清和民国时期的矿业开发活动直接构成了麦地坡人历史记忆的一部分，这也成为他们过去矿山私采活动的历史依据。虽然彼时耕牧结合的传统生计仍是村民的生活依靠，通常在矿业中获得的收入也被迅速投入购置田地和牲畜中，少有人以此为专业。但打矿依然被视为是一种"祖业"。因而，在后来矿山私采的三十余年间，无论是老人或年轻人均怀有"靠山吃山"的理所当然之心情开发矿山，甚至继承了过去传下来的一种"祭洞仪式"。人们自然

① 吴光范：《怒江之秘·旅游奇观：沿着地名的线索》，云南人民出版社 2004 年版，第 259 页。

② 即现被兰坪云矿公司开发的区吾银矿。

③ 笔者猜想当时买矿的英国人可能是从受英国势力影响的印度和西藏地区进入兰坪地区，抑或是前来怒江传教的传教士，有色金属矿石作为一种大宗工业原料，在国际市场均极易流通，这使得兰坪地区的矿业开发很早便直接进入了世界贸易体系。

地推进着生计方式乃至风俗的改变，并将其归因为本村趋异于其他普米族地区而具有"经济特区"的特别性质。

第三节　1949 年后兰坪的矿业开发历程

1949 年后，兰坪县的矿业开发保持着缓慢增长，但整体仍保持在较低水平，如广大群众所言"山富人穷"。1978 年中国共产党十一届三中全会后，改革、搞活的政策，为兰坪县冶金工业的发展带来了无限生机。在上层政府的扶持下，境内冶金工业发展迅速，国内外厂商、矿商接踵而来，带来了一批比较先进的机械化、半机械化的采、选、冶技术设备以及现代企业管理理念，兰坪矿业的现代化进程正式拉开了序幕。

矿业现代化首提技术改造，主要着力于五个方面：管理制度、厂矿设备、人员技能、配套能源、交通运输。以县铅锌矿为例，1972 年，兰坪县金顶铅矿（后改为兰坪县铅锌矿）成立。1975 年，县铅矿装机 500 千瓦电站建成投产。1978 年，县铅矿日采矿石 100 吨的矿山建成投产。翌年 12 月，县铅矿日处理 100 吨选厂建成投产。1982 年，县铅矿 1.2 平方米水套炉建成投产。1983 年，以县铅矿为首，全县企业推行经济责任制。1987 年，县铅矿年产 1500 吨氧化锌粉一号炉、2.4 平方米水套炉和日处理 200 吨选厂投产。1974 年至 1990 年，县铅锌矿从各类渠道培养各类专业技术人员 507 次，智力投资 105 万元。以地方国有企业为核心，技术改造的步伐在 1980 年之后不断加快。愈来愈多的大型国企和民间资本加入兰坪矿业开发的行列，促进了竞争，加快了技术引进。总体来看，技术改造主要通过提高对低品位矿石的处理能力、增加矿产品的纯度和市场竞争力、提高工人积极性、扩大可采矿山的范围、提高采选冶的效率和速度、便利市场流通等方式大大提高了经济效益，是矿业总产值迅速提高的主要推动力。

基于矿业的技术改造，在矿产资源枯竭之前，矿产品产量理应逐年增加，并在前期保持高速增长。而实际情况并非如此，矿产品的产量在很大程度受限于市场。尤其是铅、锌、铜等大宗有色金属，流通性较强，其市场状况很大程度上会在国际期货市场中体现出来。事实上，伦敦金属交易所的每一次波动，经过一段时间的传导，会在这个中国最偏远的山区之一的一个矿洞中为洞长所知，并影响其下一步开矿行为的选择。而无数个洞长的开矿行为最终会累积成国际期货市场的供需局面，进而牵扯着每一位投资交易人员的心弦。

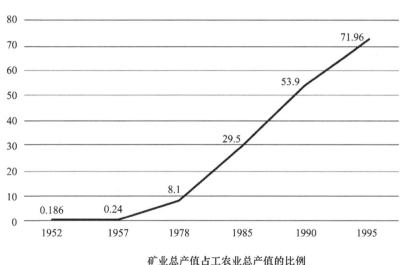

矿业总产值占工农业总产值的比例（1952—1995）

图3 兰坪县矿业总产值占工农业总产值的比例变化趋势

资料来源：兰坪白族普米族自治县经济委员会编：《兰坪冶金工业志》（内部资料），1993年，第4页；兰坪白族普米族自治县地方志编纂委员会编：《兰坪白族普米族自治县志（1978—2005）》，云南人民出版社2010年版，第287页。

1998 年年初至 2000 年 9 月，国际期货锌价持续保持高位震荡，彼时兰坪县铅锌矿产量保持缓速增长。从 2000 年 9 月至 2001 年 8 月，国际期货锌价持续大幅度下降，2001 年兰坪铅锌矿产量也较前一年有较大幅度下降，甚至低于 1999 年的产量。从 2001 年 8 月至 2003 年 5 月，国际期货锌价保持低位震荡，彼时兰坪铅锌矿矿石产量却连续两年高速增长。2003 年 5 月至 2004 年 3 月，国际期货锌价迅速增长，直至 2004 年 6 月突然下跌，但随后迅速回升，至于 2005 年年初达到近 8 年来的最高位。而兰坪铅锌矿产量在 2004 年剧烈下降，相较前一年下降了近一半。但在 2005 年实现高速增长，产量增加了 1 倍多。由图我们可以看到兰坪矿石产量的增减与国际期货锌价的波动呈现出了较强的相关性，只是在时间上略有滞后。

国际期货锌价在 1998 年年初至 2000 年 9 月的平稳波动表现为兰坪矿石产量的平稳增减，但这一时期内的高价为后面的产量增加蓄积了力量，这表现在 2001 年至 2003 年，兰坪铅锌矿石产量的急剧上升。然而，投入大量成本增大产量却并没有获得预期的回报。伴随这两年国际期货锌价持续低迷，各采矿主体纷纷调低产量，使得 2004 年兰坪铅锌矿产量急剧下降。然而，这次矿石产量的下降却正逢国际锌价的迅速上升，人们意识到又一个春天的到来，加上前几年增产扩容的经验，在 2005 年，兰坪铅锌矿产量又实现了一次跳跃式上升。

国际金属市场的变化不仅影响到矿业，更会直接导致政府财政收入的变化，进而影响到区域内国民生活的诸多方面。2009 年，全球锌产品市场价格下跌引致兰坪地方税收当年减收比例达 11.16%。"主要产品锌锭的平均销售价格由上年同期的 1.36 万元/吨下降到 1.06 万元/吨，下跌了 0.3 万元，按照 2009 年的产品销量 12.50 万吨计算，销售收入减少了 3.75 亿元，根据 17% 的税率计算，减少了 6372 万元的销项税"①。这对于当年整体税收仅 2.09 亿元的兰坪县而言，影响不可谓不大。

兰坪县铅锌矿矿石年产量（1998—2005）

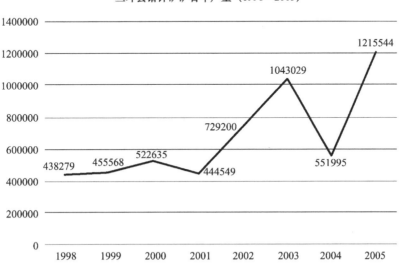

图 4　兰坪县铅锌矿矿石年产量的变化趋势（1998—2005 年）

资料来源：兰坪白族普米族自治县地方志编纂委员会编：《兰坪白族普米族自治县志（1978—2005）》，云南人民出版社 2010 年版，第 291 页。

1985 年，根据"大矿大开、小矿放开、有水快流，国家、集体、个人一起行"的指示，兰坪县矿业开发掀起高潮。同年，金顶凤凰山出现群采热潮，彼时，整座矿山有采运矿人员 9637 人，运矿骡马 2600 匹，马车 270 辆，手扶拖拉机 160 台，农用车 30 辆，开挖矿洞 612 个。② 这一政策施行的最初几年，地方国营企业的规

---

①　云南国税年鉴编辑委员会编：《云南国税年鉴》，云南人民出版社 2011 年版，第 541 页。
②　兰坪县志编纂委员会：《兰坪白族普米族自治县志》，云南民族出版社 2003 年版，第 423 页。

模扩张与民间私采的兴盛共同为兰坪20世纪80年代末矿产品产量的激增做出了贡献。当前兰坪本地众多具有影响力的企业尤其是矿企的创始人正是在这一时期积累了充足的原始资本。

Zinc price graph.

图5 国际期货锌价变化趋势（1998—2005年）

资料来源：截自伦敦金属交易所官网，https：//secure. lme. com/Data/community/Dataprices_ PriceGraphs. aspx，2016 - 3 - 10。

　　然而，伴随着政府资源整合和矿山开发能力的提高，缺乏管理的民间私采无论从税收、安全还是规模开发上均已成为兰坪矿业进一步发展的阻碍。对民间私采的管控已是势在必行，这一行动率先在具有规模开发潜质的大型矿山上实行，首先便是金顶镇的凤凰山。1986年3月19日，《中华人民共和国矿产资源法》于第六届全国人民代表大会常务委员会第十五次会议通过。同年 10 月 1 日《矿产资源法》生效之日起，县政府便开始了对凤凰山的大规模整顿工作。1991 年 12 月 13 日的第九次整顿力度空前，为翌年年初的"省长现场办公会议"创造了条件，更为往后的大型整体性开发做了铺垫。

　　1998 年，由省属企业云南冶金集团出资成立云南兰坪有色金属有限公司，负责对兰坪的矿业尤其是凤凰山的铅锌矿进行规模化的开发。2003 年，四川宏达集团注入 5.8 亿元资金，成功控股云南兰坪铅锌矿，并与县政府、冶金集团等数个股东合资成立了兰坪县金鼎锌业有限公司。① 随后，金鼎锌业开始了对凤凰山矿区的大规模整体性开发，并很快形成了产能。2003 年至 2013 年的 11 年中，金鼎锌业对兰坪地方财政的收入贡献颇大。仅就税收和兰坪县财政局持股的股份分红，11 年累计收益 28.48 亿元，对地方收入贡献 12 亿元，其中县政府以持股 10.12% 分红 3.0756 亿元。2007 年，金鼎锌业对兰坪县地方财政总收入的贡献达到了 84%，解决了约 9000 人的就业问题。

　　由此视之，大型企业的现代化规模开发对于政府的益处不言而喻。因而，最早从凤凰山开始的管制措施，伴随着政府开发力量的增强而不断延伸，重点整治矿山的范围也由金顶凤凰山不断拓展到其他地区。从 1996 年开始，整治力度和范围均一年更胜一年。2001 年，以金顶、通甸二镇为整改重点，包括通甸菜籽地铅锌矿、中排李子坪铅锌矿均纳入整治范围。2004 年，包括石登小格拉铜矿、营盘大板登铜矿、中排富隆厂、猴子箐、碧石河、石登三山（牢山、灰山、黑山）等均纳入重点查处范围，当年便下达《停止违法开采通知书》71 份。事实上，河西的这次矿山"终极整治"

---

　　① 公司股权结构为：四川宏达 60%，云南冶金集团总公司 20.4%，兰坪县国有资产管理局 10.12%，怒江州国有资产经营有限公司 8.28%，云南铜业（集团）有限公司 1.2%。

早在数年前便已在其他城镇施行了，最早可追溯到 20 世纪 90 年代县政府成立专门委员会对金顶镇凤凰山私采活动的整治。纵观兰坪县的矿山整治历史，发现其实河西乃至麦地坡的矿山整改并不是一个孤立的存在事件，而应视为兰坪县推进矿业开发现代化进程的一部分。在此之前，伴随其他乡镇的相继整治，河西乡由于其地理位置和资源禀赋等因素慢慢成为仅剩的几个"政策中空地带"之一，被整治地区的人员和资金不断转移至此。

2009 年开始，伴随着经济危机的逝去，世界经济逐渐回温。对大宗金属的需求加大，世界期货铜价随之飙升。市场热度使外地客商的投资意愿增强，他们来到兰坪四处询问，寻求投资机会。麦地坡的泰丁矿山乘着这一东风迅速火爆，从 2011 年开始很快吸引了大量客商前来投资。在兰坪县与大理州剑川县交界的八十一镇，有一个临时矿石交易市场，诸多冶炼厂的采购人员均在此收买矿石。在这一市场中，矿价实时更新。很多人低囤高卖，当时，即便是麦地坡目不识丁的妇女，也能及时获得矿价信息，并由此决定自己上矿过程中故意漏下的一点矿石是继续存着还是就此卖掉。

2012 年开始，有数十个矿洞被炸封。虽然这一次封停并没有立刻终结私采。但伴随着 2013 年国际期货铜价的走低，以及政府压力的增加，同年 6 月开始，便不断有外地老板撤资，仅一个月的时间，外地投资老板几乎撤完。不景气的市场和难做的生意使外界资本纷纷流出，余下的多为本地"管洞子"的村民自己出资继续进行游击式的开采。直至 2014 年 7 月，矿山被彻底炸封。封山后，一些村民开始联系寻找周边地区的其他矿山，尤其是地理位置较偏僻的地方，希望继续采矿。过去矿山私采整顿的政策传导路径造就了村民这样的思维惯性。总而言之，私采矿区被封的行动是一个渐进的过程，从中心区到边缘区，政府的控制力不断深入，而麦地坡的封山则仅仅只是这一过程的缩影。

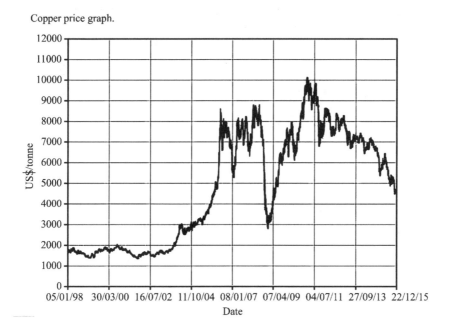

图 6　国际期货铜价变化趋势（1998—2016 年）

资料来源：截自伦敦金属交易所官网，https：//secure. lme. com/Data/community/Dat-aprices_ PriceGraphs. aspx，2016－3－10。

第四节　麦地坡的矿业开发历程

一　麦地坡矿业发展的早期历程

麦地坡周边的矿山主要有村子东南方的温泉矿山、北方的泰丁矿山、南方的东至岩矿山和果娘矿山，它们均分布在麦地坡方圆 1 公里的范围内。

最早开发的是温泉矿山，该矿于 20 世纪 80 年代末被在凤凰山打工回乡度假的几个村民无意中发现，于是便开始由小到大的挖掘。到后来，几乎全村一起去挖（仅限家里有多余劳力的），矿石就地出售。农闲或某日田间无事的时候村民便来此挖几次或寻找散落的矿石，并不投入什么资金、设备，能不能挖到凭运气。不过，随着出的矿石成色的提高，很快，有村民开始投入资金炸矿洞，希图获得更多的矿石。该矿的开发前后持续了八九年，后来随着矿石品位的下降，慢慢自然荒废。

温泉矿山从民工到老板主要是本地人，即集中于兰坪本县，偶有剑川、宁蒗的老板。围绕着开矿形成了一个临时的产业链，从炸药到挖矿再到驮矿。当时炸药的管制并不严格，黑火药 120 元/斤，雷管 0.5 元/个。挖矿的以本地人为主，也有部分贵州、四川过来的农民工。矿洞分为平井和斜井两种，矿工在矿洞里将矿石炸开，随即用推车将其推出。随着矿石出产量和价格的起伏，挖矿工人的工资也略有起落，平均每人有 50 元/天。驮矿主要是麦地坡和东至岩的村民，整个矿山总共有 20—100 匹马，随着出矿量变化，马匹的量波动很大，有活的时候每匹马每天可获得 20—30 元的收入。

当时开矿的投入并不大，过万的投资主要来自所谓外地老板。他们有赚有亏，最多有赚到五六十万元，但因为彼时矿石价格低，品位参差不齐，没有挖到高品位矿石的老板便得不偿失。但总体看来，开矿洞雇矿工的"老板们"投资均不大，盈亏也集中在数万元之内。而当地村民则主要是以少量雷管、炸药开出部分散矿，并间或为矿洞驮矿乃至挖矿，以获取少量收益补贴家用。据村民形容，在平日，他们早上吃完早饭，便去做农活，直到下午四五点钟就赶上马来到矿上驮几次矿、捡一些零碎矿石，赚取一些零用钱。农忙的时候便顾不上此，而农闲的时候则会整天地在矿上找活找矿。

温泉矿山时期,矿石的挖掘完全出自村民的自主安排,人们的生活仍以传统的生计方式为主,矿山的收益较小且极不稳定,只能作为补贴生活零用的途径之一。稍大额的投资均来自附近县市,投资额和收益均较小。

随后是果娘矿山,该矿山主要出产铜矿,主矿区属于东至岩小组,以三界村本地村民的投资为主,一些村民通过前些年开矿或打工的积累,并从温泉矿山的经历中获得了直接经验和收益期望,陆续在果娘矿山开辟矿洞。果娘矿山属于露天矿体,即当地人所言之"草皮矿"。开采较易,无须大额投资。从麦地坡村到彼处步行约半个小时,十分方便。果娘铜矿从2004年开始挖掘,经历了三年多的繁荣期,随后矿石品位下降,渐趋衰落。少部分村民尤其是年轻男性在这一时期将主要精力投入了果娘矿山的私采中,由于矿区距离道路较近,无须大量骡马驮运。麦地坡和东至岩的很多年轻人开着小型农用货车在此拉矿,中老年村民则很少参与进来。果娘矿山的开发对麦地坡村民的生计变迁产生了较为深入和广泛的影响。

对麦地坡影响最大的是2008年开采的泰丁矿山,该矿山矿区主要位于麦地坡后山与河西村三岔河小组的交界处,两个小组各占一半。初始,矿山仍由本地村民的小额投资为主,矿洞主要是平井,且进深较小。2011年开始,由于各方面的因素,外地客商投资意愿增强。本地村民抓住一切机会,引进了一批投资客。他们以占10%—15%的干股为条件,为外地客商提供"开矿许可"、"庇护"和矿上杂事的处理,当然,也按月领取工资,3000—5000元/月不等。

新一批的投资者以外省人为主,即村民口中常说的"北方人"。包括福建、唐山、东北地区以及四川、重庆等地。他们带来了新的开矿方式——钻探竖井。这是一种更能深入矿山内部获取更大矿体

图7 泰丁矿山区位卫星图（左上角框内为矿区）

图8 泰丁矿山矿区卫星图

的开矿方式，但相应的投资更高、风险更大，需要更多的民工。他们招募了一批来自云南昭通、四川、湖南等地的农民工，钻探了深度从100米到600米不等的矿井。本地人无力参与这样的资本投入，他们利用本地的人情联系和林权等方式获取无须用资金投资的干股，并为他们提供运输、供给和日常管理的服务以获取收益。泰丁矿山时期，因矿山产生的直接收益几乎占到了参与群众家庭收入的绝大部分，使收入结构发生了巨大变化。麦地坡全村出动，几乎每户都参与了矿山私采的个别环节，并从中获取了相当丰厚的收益。在矿山开采高峰期的2—3年内，围绕矿山私采的各个职业几乎取代了村民的传统生计方式而成为他们最为倚重的收入来源。

二 矿山开采历程中的政府角色

20世纪80年代末政府的政策态度在收税行为中表现无疑，即倡导个体开矿、鼓励引进外来投资。

90年代后期，随着市场经济的活跃，东部沿海地区经济已经获得极大发展。作为国家扶贫政策的贯彻形式之一，当地政府开始组织村民分批次去广东等地打工，但"大部分人都因为工资少、地方远等原因回来了，还有好几个人失踪了"。不过，打工的行为仍然极大地开阔了村民的眼界。老一辈麦地坡人，很少有人到过兰坪县以外的地方，他们对于外面的世界保持着谨慎到几乎敬畏的态度。外省常被叫作"北方"，那是一个优越的存在。

20世纪90年代末，"闯荡"后的麦地坡人大都回到了故土，许多人表示"北方"并不适宜自己的发展，他们期待在本乡获得新的发展机会。彼时兰坪县正大力发展矿业，国企改制后，实行经济责任制，多劳多得。各大厂矿开始迅速扩大生产规模，招募新人，许多麦地坡人在这样的需求中脱离农村，进入了非农行业。1960—1980 年出生的男性几乎都有在凤凰山矿场、兰坪铅锌厂等地打工的经历。他们充当一线工人，赚取工资，积累着资金，并在这一过程中获得了打矿的基本经验。

2004 年开始挖掘的果娘铜矿是麦地坡人第一次较大规模地参与开矿。由于初步的资金和经验积累，加上果娘铜矿的矿层较浅、开采较易，一半以上的家户都加入这个矿山的开发之中。一个年轻人向我回忆了他当时的经历。

> 我初一（12 岁）就用假期开矿，2004 年，在果娘，我和我同学两个人，上去捡一点矿石，又学会用爆破器材（那时候好买），一起打了个 13—14 米的洞，找了 5—6 吨的矿，挖到矿的时候就开学了，让父亲他们去挖，我周六日回来捡矿，捡到周日下午三四点就跑去河西上学，家里穷，只能自己找点生活费。

由此可见，果娘矿山开发的影响范围之大，相当数量的青少年在此间辍学，他们成为日后泰丁矿山开发的主力军之一。矿山的开采规模大，带动了运输等相关环节的繁荣，很多年轻人考取了驾照并通过动用储蓄、借款等方式筹买了农用货车以拉矿为生，人们通过矿业改善生活的期望逐渐增加，已婚的人家常边务农边去矿山想办法赚钱，而未婚的年轻人大多数已经选择自己打矿或到矿上打工。女性也参与到捡矿、驮矿等环节中，去矿山做饭也是她们赚取工资的方式之一，不过她们仍主要在家务农并照看家庭，因为男性外出打工或在附近打矿，而家中的老人小孩以及牲口等常年需要有人照看。

　　2008 年开始采挖的泰丁矿山是对麦地坡影响最为巨大的一座矿山，由于它就位于麦地坡界内，且多数地区为村民的林权地，麦地坡人在这一次开发中占据了"地主"的角色。彼时国际铜价扶摇直上，外地投资热情加温，村民无论是自己打矿还是引入外地投资，都有获得巨额收入的可能。他们以巨大的热情推动矿山的开发，但政府的态度却在不久后走向暧昧。

　　从以山西为代表矿业整顿后，全国矿业开发进入了集中整治的阶段，这是发展模式转型的前兆。从政府的角度说，无论是环保、税务、安全还是资源的高效利用，集中综合开发都具有相对个体开矿所不可比拟的优势。然而矿山私采存续已久，且开矿在村民心中被赋予了"改变贫困"的意义，政府的宽容政策一定程度上被视为"扶贫"。于是，一些矛盾的现象并行而立。一方面，私挖滥采被明令禁止，火药被禁止流通，村民只能在黑市上高价购买；另一方面，乡办企业林矿公司在公路上设下办事处，对每一辆路过的拉矿车计品位收税。

　　在河西乡一个 2012 年 4 月 1 日的公告中，明确了矿山整治的计划，并以麦地坡的泰丁矿山为重点整治对象。两个月后，河西乡公布了关于麦地坡泰丁矿山的整治工作报告，总结了成果：清理炸封坑口 43 个，整治工作已达到预期目标，许多存在危险的坑口已经炸封，许多工人也已下山。但根据麦地坡村民的说法，2012 年下半年确实经历了一次宣传改造过程，而结果却似乎并没有文件上描述的"严重"，直到 2014 年 6 月末，真正强力的取缔措施开始实施，兰坪县政府对境内的 20 座小型矿山集中整顿，包括泰丁矿山。他们强行将矿洞炸掉，炸矿行动持续了接近一个月，实际取缔的矿山数量也比预定计划多出许多。

表2 河西乡矿产资源税费征收价目表

矿产品	品位（%）	兰坪销售参考价（元/毛吨）	矿资费征费比例	备注
锌原矿	5—25	200—1000	1.2 * 2%	品位每增减1%，销售参考价随之增减40元/吨
	≥25	1000 起价	1.2 * 2%	品位每增减1%，销售参考价随之增减50元/吨
铅原矿	5—25	200—1200	1.2 * 2%	品位每增减1%，销售参考价随之增减50元/吨
	25—30	1200—1500	1.2 * 2%	品位每增减1%，销售参考价随之增减60元/吨
	≥30	1500 起价	1.2 * 2%	品位每增减1%，销售参考价随之增减80元/吨
铜原矿	1—5	120—520	1.2 * 2%	品位每增减1%，销售参考价随之增减80元/吨
	5—10	520—1120	1.2 * 2%	品位每增减1%，销售参考价随之增减120元/吨
	10—15	1120—1920	1.2 * 2%	品位每增减1%，销售参考价随之增减160元/吨
	≥15	1920 起价	1.2 * 2%	品位每增减1%，销售参考价随之增减180元/吨

资料来源：《河西乡企业办征收矿产资源税费矿石（产品）市场销售参考价目表》，
注：以上参考价结合地方市场行情，以略低于2009年5月13日上海金属成品成交均价制定，矿产品成本系数按0.65推算。

矿山被封后，麦地坡的经济陷入了即时的冷寂。人们不得不将生计转向别处，但依旧对矿山有所依恋。2014年10月的一个午后，几个男人在一起讨论着什么，"去后面山上看看，看看到底是不是不能打矿了"。此时，距离矿洞被炸塌取缔已经两月有余，人们依然抱着侥幸的心理。同时，经济转型的困难也使村民不得不将目光投向过去。然而，过去矿山开发的丰厚收益却并没能成为人们开启新生活的资本。事实上，大多数人将赚的钱消费在建新房、教育、医疗以及赌博娱乐等方面，许多人鲜有积余。然而，农业带来的收入无论如何是无法满足新的生活了。政府推行多年的一些富农政策首先被考虑，多为药材和核桃种植方面的鼓励措施。然而，这些需要大量投资或见效较慢的项目被一一否定。2016 年 1 月，矿山关停已逾半年，村民们仍一边在家务农一边等待村后矿山的新消息。

小　　结

从古至今，云南矿业的发展始终与中央政府对云南的定位以及相关发展政策有着密切的联系。古代时期，云南被视为"化外之地"，特别是元明清三代，一直是中国最重要的矿产资源产地。中央王朝利用税赋和官办厂矿从云南征收了大量矿产，给当地普通民众造成了很大负担，乃至激化民众间矛盾、官民矛盾，其中尤以明为甚。兰坪矿业从元起便有课税，有回龙厂、富隆厂等知名厂矿。民国时期，政府对矿业开发持宽松态度，允许民间申办合法手续后自由开矿并买卖矿石，同时保护民财。这一段时期兰坪的矿业较为繁荣，在麦地坡邻近的地区也有厂矿，村民至今对祖上从事矿业依然存有记忆，并因此视开矿为祖业，乃至继承了祖先开矿时举办的"祭洞仪式"。

1978 年改革开放后，兰坪也迅速开启了矿业开发现代化的历程。兰坪矿业分别从管理制度、厂矿设备、人员技能、配套能源、交通运输等方面进行技术改造，迅速发展为全县最重要的支撑产业。而从 1985 年颁布的鼓励政策使得民间私采业迅速兴盛，大型国营企业与民间私采并存。麦地坡人正是在这一背景下先后参与了周边数座矿山的开发，尤以最后的泰丁矿山为甚。

随着政府对矿业资源的开发能力增强，开始着手整顿矿业，将大型矿山收归国有。同时，在生态和市场的双重压力下，兰坪的矿业开始洗牌，从大型矿山开始，逐渐实行集中开发，其间通过资本运作成立了金鼎锌业。民间私采的范围被逐渐缩小，而寄望以此发家的人员和资金也在政策范围之外不断寻找新的落脚点。麦地坡泰丁矿山乘着 2011 年国际铜价剧增的春风进入了资本的视野，并迅速改变了麦地坡人的生计和生活。然而，矿业整顿的范围最终来到麦地坡。2014 年 7 月，泰丁矿山被正式封停，麦地坡人又一次直面转型的局面。

第三章　麦地坡村民的生态过程与生计方式转型

通常来说，生态是指一切生物的生存状态，以及它们之间和它与环境之间环环相扣的关系。资源则是一国或一定地区内拥有的物力、财力、人力等各种物质要素的总称，一般分为自然资源和社会资源两大类。一个地区的资源禀赋常常决定了其生态的存在形式，而伴随其生态的动态变化，该地资源状况也会因之改变。人类对自然资源的利用产生了独特的社会资源，并最终对包括人类社会在内的生态产生深刻影响。生态变迁将会导致资源状况的剧烈变动，直至引致人类利用资源进行生存的方式即生计方式的改变。

人类学的创始人之一亨利·摩尔根在其名著《古代社会》中将人类的进化分为若干阶段，每个阶段的分界点多为"生存技术"的变化，进化程度取决于人类"控制生活资料"的能力。他认为：人类进步过程中每一个重要的新纪元大概多少都与生活资源的扩大有着相应一致的关系。以他为代表的传统进化论派多年后被怀特和斯图尔特继承并发展为新进化论，并进一步强化了对生计方式决定性作用的认识，以人类对能量的利用方式划分发展阶段。可以看到，进化论学派始终将生计方式作为人类进步和社会发展的根本动力，其变化在人类社会中有"牵一发而动全身"之效。

如今，伴随着人类学范式的不断更迭，这种"物质决定论"早已被抛弃。但生计方式依然被视为人类社会最重要的部分之一，且被囊括在文化的整体范畴之内，与文化的其他部分之间产生频繁的互相作用。生计方式是人类对资源加以利用而获得生存的行为模式，受资源类型的影响而在不同区域和不同族群间具有相当的差异，常被视为不同族群的区分标志之一。它是承载族群延续的物质基础，尤受重视，因而关乎它的各类事项渗透在社会结构和文化的方方面面。同时，由于文化发展的惯性，生计方式的转型常常相对迅速和超前，由此在与其他社会文化部分的互构中扮演推动者的角色。

麦地坡村民的普米族祖先在来到云南很长一段时间都保持着传统的游牧习俗。到了 15 世纪中期，才开始进入农业生产为主阶段，逐渐从纯粹的游牧生活转向了耕牧结合的生计方式。由于矿山开采，麦地坡人短时间内迅速开始了生计变迁。由于生计方式发生改变，传统的劳动协作方式和生态观均随之变化，最终催生了生态转型和传统社会生活的剧烈变迁。

第一节　麦地坡村民的迁徙、适应与发展

人类得以存续和发展依赖于其对资源的利用，其中包括社会资源与自然资源，均源于其生活的环境。族群在迁徙过程中，由于其所处环境的变化，资源的品类和形态也在持续变迁。这需要人们利用已有的资源禀赋，改变资源利用形式，适应新的文化生态。斯图尔特认为："文化生态的适应才是文化变迁的动力"①。总之，适应

---

① ［美］史徒华：《文化变迁的理论》，张恭启译，台北：远流出版事业股份有限公司 1989 年版，第 46 页。

是为了更好地发展，而发展常常取决于良好的适应。

一　麦地坡村民的迁徙历程

历史上，普米族一共经历过数次大规模的迁徙活动，第一次由青海迁往四川，后又由四川转徙云南宁蒗、兰坪等地。1253 年，忽必烈南征大理，普米族作为随行先锋来到云南，进行了第三次大规模迁徙。之后，又因与纳西族的战争而四散避祸。这些历史记忆被口口相传的民间故事记录并传承下来，这些迁徙和逃亡的经历和记忆深嵌在普米族人尤其是刚刚完成迁徙的最初几代人的脑中。作为从外迁入的"外来者"，如何融入主流社会？如何与周边民族友好相处的同时保护及发展自身？围绕解决这些问题的目的对他们的行为产生了长久的影响。

从元朝至今，普米族在云南定居仅有 700 余年的历史，而在兰坪的年数可能不足 500 年。现今，在河西乡的普米族对自己的外来身份依然有着很强的历史记忆。麦地坡的普米族人几乎都姓鹿，属于绒跋氏族。据村民说，他们鹿家以前姓李，元朝被推翻后，作为其卫戍军官的普米族被起义军打败，这户李姓普米族人被追杀至兰坪通甸时谎称姓鹿，后来在河西定居以后，就一直把鹿姓延续下来。他们最早生活在大洋村的阳山，后来繁衍生息，人口渐多，地方不够住，一部分人便迁到了麦地坡。至今，麦地坡人与阳山人仍互认同族亲戚，不通婚。

相对于周边的白族尤其是拉玛人以及傈僳族、纳西族等民族，普米族属于后来者，在河西的定居时间仅早于彝族①。正如前述，从"初无定所"到"住山腰"，普米族的地方化过程经历了一段漫

---

① 河西的彝族普遍是从 20 世纪 50 年代左右从大小凉山迁徙过来，居住在少有人迹的山顶等高海拔区域。

长的时期。他们在这段时间内进行了积极的主动适应，推动着自我变迁。这让河西普米族与周边的纳西族、傈僳族、白族在一定程度上进行文化交融，这在村庄中的普米族老人通常会说不少于三门民族语言上便可见一二。同时，在迎向主流社会的过程中，普米族以较大的热情学习汉文化，作为一个"没有文字的民族"，汉字成为他们的主要书面语言。直至 20 世纪 80 年代，河西乡的普米族仍保持着较为严格的族内婚。在与周边民族的频繁交流中，族群边界却似乎越发明晰。

当普米族老人去世，在葬礼中需要举行给羊子仪式，普米语为"戎肯"。在给羊子中，释比要为死者指明回到祖先之地的路线，从兰坪经丽江至宁蒗再至木里最后到大雪山。这个仪式的反复进行强化着每一个普米族人对祖先迁徙路线的历史记忆。同时，与其他族群显著的文化差异和严格的血统隔离使得河西普米族不断确认着自己"外来者"的身份。这样的身份认知对他们的生活和发展产生了持续的影响，如促使他们通过教育或参军等形式更主动地融入主流社会、在可能的时机进行跨区域的族群整合、保持血统纯粹并加强族内团结等，相关内容将在后文作详细阐释。

二 建村与开拓

谈到麦地坡的建村，村中一位时年 70 岁的老人这样说道："村里人是清末从大洋的阳山村搬到这里，集体时期开梯田时挖到墓碑，判定最早 230 年前就来到这里，因为原来阳山那里人口太密集，放牲口的人看到这里水土不错，坡度不大，就搬过来。我们祖先最早到这里，把地开好了，又把地主家叫来，打牌把地输给他们了，后来又陆续搬来几家。"

根据村中现存最早的鹿文奎墓判定，其人享年 68，碑文落成时

58

间为清光绪三十二年（1906），且从碑文判断其出生时家族已在麦地坡繁衍 2 代以上，因而村庄的历史确可推论在 200 年以上。据说最早来到麦地坡的人叫作"苦力西"，从阳山过来，现在发展成"欢无家族"。后来又从阳山来了一个人，便是前述的地主家，他生了三个儿子，老大发展成"兰诺家族"，老二是"西古人家族"，老三是"西蛮家族"。直至后来"颜欢多家族"从附近的大竹箐迁来，自此麦地坡的家户构成基本固定，一直延续至今。据村中老人说，1949 年左右，村中仅有 17 户人家，15 户普米族，2 户拉玛人。1981 年时约有 44 户人家。现村中鹿德其家彼时名为"迪噶波"，意为"起源的地基"，现今的"兰诺家族"主要是从这里分出去的。

建村伊始，麦地坡人便开始积极开拓田地。新中国成立之前，村中家有 20 亩以上田地的人家比比皆是。当时苞谷单产并不高，但依靠普遍撒种，普通单户人家的收成常常到万斤左右。村庄周边山地上的坡地被开垦一空，这些田地直至 20 世纪 80 年代仍在种植，被村民称为"山田山地"。据说单是从村中走路前往这些田地劳作，路程就需花费接近 1 个小时。劳力的不足常常限制"山田山地"的垦殖，因此，当村民的副业收入逐渐提高或者家庭成年劳力减少后，这些田地最早被抛荒。

村中的拉玛人家庭在新中国成立后不久便搬离了村子。1958 年左右，在麦地坡周边山上散居的傈僳族响应政府号召，从山上迁下。分别有和姓、罗姓、乔姓、李姓四家。有村民争当积极分子，便接应他们，分给他们房子住。集体时期不存在所谓私田，便大家一起搭伙干活吃饭了。一个老人说道："当时有一个傈僳族老倌，什么都会做，铁匠木匠石匠什么的，帮我们做刀、斧头，人真正是好。他们下来是没有田地，但林地是有的。跟我们生活习惯不一样，但我们相处得很好。"这些傈僳族家庭加入了麦地坡的开拓进程，并在共同建设的过程中迅速融入了普米族村寨①。

1949 年之前，村庄的房屋以传统的普米族木楞房为主，由于位处山腰，田地也以坡地为主。1956 年中国完成集体化改造之后，麦地坡也完成了向大锅饭和算工分干活的过渡。20 世纪 60 年代末，全国号召"学大寨"，借由这一契机，麦地坡进行第一次村貌大改造——挖梯田。梯田主要是将村内的或者邻近村子的坡地通过"挖高补低"的方式削切成阶梯状的农田，阶梯面是一条平整的田地，便于进行精耕细种。

一位老人（1952 年生，女）回忆道："以前挖梯田，在娘家的时候就开始挖，来了这边还挖，前前后后挖了五六年。挖的时候，把堆得比我还高的土用簸箕运到下面。每年冬天庄稼收了以后就开始挖，每个村有一个生产队，有正副队长，他们来安排做事情。每天早上 7 点上工，6 点就起床，做早饭，喂牲口。晚上 6 点才收工，干活干得不努力，队长要骂的。那时候是活路重，但吃得不好，油水少。五谷杂粮都吃，养的猪还要上交集体一半。晚上回来，吃完晚饭后还要洗衣服、撕苞谷，一天只能睡四五个小时。"

从 1956 年至 1981 年的集体化时期，村中每家都有一个小喇叭，全村 1 家 1 根线拉出来，全部集中到生产队队长那里，队长用话筒说话，全村都能听到，每天在开工前都把任务分配好。老人们对于这段时期的苦难记忆深刻，一位老人说道："集体时候是真的苦，早上出去天黑回来。大跃进时候，人都是摸黑劳动，娃娃不能做活，上去点火把，把粮食堆成麦山，全都由国家收购走，剩的一点按人头分，真是饿够了，一天三顿饭吃不饱，去山里挖野菜吃，

---

① 1986 年上报民族身份的时候，村里的傈僳族都集体报成了普米族。

60

那种以前都是喂牲口的。老人家才可怜，年轻人又唱又跳的，五六十岁的半夜三更还要去背粪、挖地。"经过一番大改造，麦地坡村落景观发生了很大变化，建成了相当规模的梯田，村内田地及北边、东边、南边的邻近坡地几乎改造完成。这在后来包产到户时被称为甲等地，而没有开垦的坡地则是乙等地或丙等地，每户仅能分配少许甲等地。

1971 年麦地坡下面约 3 公里处的水磨房社前的维兰公路通车，通车那天，麦地坡许多老人都拄着拐棍下去看车，很多人之前都没有见过车，据说县领导还专门开着吉普车下来。1994 年麦地坡通电，当时是村里用伐集体林木的钱拉的电线，在周边村寨都还用木质电线杆时，麦地坡一次性竖起了水泥杆子，过了好几年，村中才有了最早的电视。1986 年，麦地坡实行基本农田建设。村西的梯田便是在这段时期内挖的。当时，只要村民去挖，政府便会补助 80 元/亩。这个补贴在当时是不菲的收入，彼时小工才 7 元/工。村民主要是自己挖自己的地，村西的坡地得到了比较大的修整。

约莫 2006 年，水磨坊至麦地坡道路修通，将麦地坡连接到了水磨房前的主干公路。2009 年，这段公路被改造成了弹石路，同时，在村中修建了水泥主道。又过了约莫 2 年，有些村内小路也被陆续改造成水泥路。有村民形容说"（村里面）路没修之前，下雨时候，泥浆都到膝盖这里。"道路修通之后，与其他因素一道，促进了麦地坡的迅速变迁，道路大大地加快了外界物资进村的步伐，降低了物流成本，这在村庄房屋、院场等的改造中发挥了显著的作用。终于，经过两百余年的开拓与建设，一个在放羊时被意外发现的山坡成为今日的麦地坡。

三 乡村精英及其效应

1884 年，河西乡麦地坡村民鹿占魁（官职"总议"），在兰坪清军将领杨玉科率领下，出友谊关抗法，参加了越南境内临洮之战，又参加宣光包围战，均获全胜，清廷敕封为"武进士"。[①] 鹿占魁的墓至今仍在麦地坡后山，因年代久远，墓碑上字迹已不清晰，但坟墓修建得十分精细。其后人 1989 年在距离原址不远的地方为其重新建墓。在鹿占魁旧墓侧边，树一石柱，人称"玉柱"，上雕有狮子一只，村民言之因其为武官，故立狮头柱。

离鹿占魁墓不远的地方是其同族兄弟鹿占元之墓，碑文书于民国五年（1916）二月二十四日，文初有"前清赐进士出身兵部主政花翎二品四川即补道紫光氏品咸熙拜题"字样，文末有"委任兰坪县初等学校教员政明氏和亮邦顿首拜书民国十七年"字样。主文为："公号占元　乃鹿公德盛之孙　寿元尚贤翁之子也　为人刚毅赋性明敏　事亲克顺　教子有方前业丕振　后裔繁昌　俾昌俾炽尔寿尔康　先配和氏　生二奇男　继配熊氏　心性温柔　五桂挺生　俱攻诗书　四女姣产　概习母仪　内则无忝　中□称能　必敬必戒　无违夫子　令闻令望　如主如璋　爰述其概　劝诸贞珉。"[②] 在鹿占元墓侧边，同样树一玉柱，上雕笔尖一只，村民解释因其为文官，故如此立。

与鹿占魁鹿占元兄弟几乎同一时代的还有一位军官名为鹿文奎，其事迹在村中少有人能够说清，但从其墓碑碑文以及其三个儿子的碑文可窥一二。鹿文奎享年 68，其碑文题于大清光绪三十二

---

① 兰坪县民族事务委员会、兰坪县政协民族研究室编：《普米族志》，云南民族出版社 2000 年版，第 9 页。

② 相关碑文主要由同行的蒙未凤同学整理而成。

年（1906）。文初有"乙酉科鹿剑川州优进士阳愚弟苏钜观拜题"字样，文末书"丽江县儒学考试文童西宝阳愚外甥和文斐顿首书"。主文写道："公以年少家室寒令　迨其成立　国乱民梦　身游于行伍之中　心忧乎内外之事　及至时事升平　务本业而为稼稼□臻臻　持家道以育子孙　子孙绳绳克宽□以克仁　杖乡且以杖国　三代共乐历有余年　贤配杨氏　性成温柔　妇道无所不备　赋贤端方　姒娌无所不和　相夫有道　训子有方　宜家宜室　鼓瑟鼓簧　子孙共乐　奚不懿欤　题为序。"碑文所言，鹿文奎应该是参军入伍，后卸甲归田，教育子孙。为其题文书字的则为"剑川州优进士""丽江县儒学考试文童"，且均以"愚弟""外甥"自称，说明其与读书人交际甚笃。甚至本就是族内亲戚，但实际情况已不可考。

　　鹿文奎生有三子，名鹿高寿、鹿开寿、鹿延寿，皆在乡间颇有名望。其中鹿开寿"赏戴五品军功"，鹿高寿亦"荣膺九品"。鹿延寿享年60，其碑文题于民国三十五年（1946），文末标作者为"兰坪县正式参议会议员杨作梁"，正文为："余发公之姑祖　永把自金陵游到阳山培公　麦地坡山清水秀　宗支繁昌　传及千长文奎承继邱嵩门户　所生从九　高寿开寿延寿也　缅公延寿生平浑厚素性端方　不欺不诈　无偏无宣　亦世仁德　持家勤俭　父慈子孝　兄友弟恭　德配杨氏　名门淑媛　善事翁姑　和睦姒娌　教子成名　马帐荣□　训女贞洁　鹿车助挽　舆公问逝　举行建碑　问序于予　余以友交多年不能确辞"。由此可知其父鹿文奎生前为"千长"，鹿延寿为幼子，在乡间以处事仁德、治家有方而颇有厚名。

　　鹿开寿的碑立于民国十年（1921），题者为其妻弟，前书"兰坪县委任国民学校教员阳愚内弟和文魁拜题书"，正文为："公号

开寿者　余之姊丈也　作事刚强　有似此功勋无严诸侯　出言有章
俨如鲁仲连喷出义声　赏戴五品军功　一不谥而骄　二无邪而无曲
　此其存心养性　讵非丈夫之梗概哉　德配和氏　仪无愆则无僭上
之婉容　公婆孝敬可比　崔氏次之　谦让妯娌　芳规不规　不类秦
嫂　下之育养二子二女　训导堪许孟母　孰期年界六七命赴瑶池
致令公鼓盆致叹　抚恤幼儿弱女岂无痛哉　公与母生平心性有然
余将援笔妄肃短引　劝诸贞珉　以示子孙不忘云尔"。鹿开寿为人
耿直、行事刚强，配有一妻一妾，赏戴五品军功，然而英年早逝，
年仅 42 岁。

　　三兄弟的老大鹿高寿墓碑立于民国十七年（1928），题书者为
麦地坡对面村子的教书先生和亮邦，他在题词中自称表弟。碑文
为："公赋性浑朴　饮人以和　至于处心接物　不喷喷称道　处昆
王也　以孝友着　其交友以信义闻　公虽未从事于修途　有温温恭
人之度焉　适逢恩诏　公亦荣膺九品　惜天道无知　仅添一索之庆
　贤配杨氏　三从无亏　四德有闲　相夫而（勤）劳罔懈　助内而
暇豫无时　爰为赞曰　乐荆树之花萼兮　叙天伦于一堂　欣壎篪之
并奏兮　歌小雅于诗章　值岁时之伏腊兮　杂陈于酒浆　喜竹林之
猗猗兮　增嗣续而繁昌　庆兰玉之馥馥兮　垂裕后以前光　类卢迈
遗范兮　绵世泽以孔长　余处西宝适五八载　略知公之品概　搦笔
而志幽芳"。文中着重歌颂了鹿高寿的温文儒雅的气质和作词赏月
的生活情趣，俨然一汉人文士。

　　不仅是麦地坡，之前在碑文中屡次题书的和亮邦是与麦地坡一
沟之隔的东至岩人。他在当地也颇有名望。麦地坡人一提及本地历
史名人，多会想起他。据说他是一名私塾先生，同时也通晓风水地
理。周边地区舞文弄墨和选址建屋之类的事情多会请他帮忙。从之
前鹿占元墓碑上的题词来看，他还是兰坪县初等学校教员。他寿命

很长，直到 20 世纪 70 年代仍在世，麦地坡一位乡村教师年轻时在麦冬小学教书，曾时常去拜访他，据他形容："我们常去和亮邦家听他讲故事，他跟我们讲繁体字、对联，他书法很好，高高瘦瘦的，长脸，穿着长袍大褂。"

东至岩还有一位名人，名曰和立纲，一位老人说他："去过丽江的最高学府读过书，后来在鹤庆中学读书，又约着江南才子到处旅游。是我们这里的大才子，人称'江南奇才'。他在国民党时期任我们这一片的治理保长，只做了 8 个多月。他在外面跑，世面见得广，政策了解得多，引进一个湖南老板，自己办了三个矿厂，中排的富农厂，河西锌厂，石墩的回龙厂。1949 年去世，解放以后，因为他名声主要在外面，没有什么地，没划成地主，划成中农，还分了土地。但是解放以后，他的老婆比他小十五岁，还是受了一两次批斗，说是资本家。"

从鹿占魁、鹿占元、鹿文奎、鹿高寿、鹿开寿、鹿延寿到和亮邦、和立纲，这些历史名人的故事都颇有传奇色彩。他们要么舞文弄墨，精通汉文化，生活方式完全吸纳了汉族地主知识分子的模式。要么耍刀弄枪，立下军功，最后卸甲归田，教育子孙，团结邻里。从这些名人的故事，我们可以看到，普米族作为一个外来民族，其融入主流社会群体的努力从很早就已开始且非常成功。这些历史名人是当时普米族与外界交流的窗口，在地方上扮演了类似汉族士绅的角色。

这种融入方式极有可能是麦地坡人保护和发展自己的理性选择。

中央王朝从汉开始在云南的经略，直至明时成效显著，汉人作为具有强势话语权的族群在云南颇受各少数族群的敬畏。各少数族群迫于悬殊的政治经济文化劣势，无法正面对抗，而是选择靠近汉文化以增强自身地位、扩展发展路径。正如王明珂先生所解释的："这便如生物界的拟态：一只蝴蝶将自己伪装成枯叶，一只毛虫将自己伪装成小蛇，为的是保护自己。"同样地，河西乡普米族人作为外来族群，不遗余力地学习汉文化并表现出被"汉化"的表象，实质上是他们借力保护自己以更好地适应和发展的生存策略。

从外来者到本地人，普米族不仅开垦自己的田地、创造财富，更在政治上积极谋求着本地人的地位。这样的努力延续至今，《普米族志》中写道："普米族有重视文化教育的优良传统。民国及其以前，普米族地区一般都由大户出资请外地先生前来教私塾，培养后生，经济条件好的则把子女送到丽江等地就读。中华人民共和国成立后，普米族村寨先后开设了初等小学，区乡开设了完全小学。到 70 年代，普米族区乡有了初级中学，民族文化素质有了明显提高。据第四次全国人口普查资料，全县普米族每千人中拥有的大学生数为 1.7 人，高中、中专以上学历的有 14.9 人，超过县内的汉族和白族，居全县各民族之首。1949 年以后，培养输送到党政部门、企事业单位的干部职工总计 352 人，占县内本民族人口的 2.6%。"[1]

如今，从麦地坡走出的名人有著名歌手、厅级干部、企业家、资深律师等，他们的事迹在村民口中传颂，人们以此为豪。而在兰坪普米族自治县成立后，从法理上被正式认可为"本地人"的普米族人依然延续着自己积极参军和重视教育的传统。某种程度上说，他们的"危机意识"已不再局限于"外来者"的身份，而转移到"人口少"的忧虑上来。一些普米人担心"没人站在普米族这边说

---

[1] 兰坪县民族事务委员会、兰坪县政协民族研究室编：《普米族志》，云南民族出版社 2000 年版，第 5 页。

话"，因而竭力希望通过教育等方式融入主流群体，扩大话语权。从"名人"到今人，普米族人一直在一条主动适应与族内团结并重的发展之路上行进着。

四　资源拥有权的重申

在麦地坡人的民间信仰系统中，山神占有特殊的位置。"在普米族先民原始自然崇拜中，对山神的崇拜是特别突出的，甚至可以说它是普米族原始自然崇拜的基础[1]"。时至今日，兰坪地区普米族的山神崇拜仍是当地普米族宗教生活的重要组成部分。在麦地坡的后山，有一株松树被作为山神树，上面挂了彩带，并做装饰，在林中颇为显眼。树的周围辟开了一片空地，供人们祭祀时集会和准备食物之用。每年大年初一，村中的人以家庭为单位，会不约而同地上山祭拜山神。当人去世以后，传统的普米巫师释比将要念指路经，在经中，他会将普米人迁徙之路上重要山峰的名字念一遍，祈祷魂魄归途中沿路山神的保佑。

泰丁矿山的主矿区位于麦地坡小组后山与三岔河小组后山交界处的一片山顶坡地上，大部分属于泰丁山的范围，此山为麦地坡的山神山。作为村中的释比，43 岁的鹿增贤已经做过几十次的祭洞仪式。该仪式发生于矿洞正式开洞前，洞主请释比过来祭祀山神。如鹿增贤所言："我被请上去祭洞子，去了好几十次，主要是请山神，出来祭拜一下，让山神保佑洞主发财，洞主会给个百把元。"祭祀时需用松枝、猪头等祭品，释比念一段传统祭祀山神的经文，并加上保佑发财、保佑矿洞平安之类的词句。从外地过来的老板们几乎会无一例外地出钱出力办这个仪式。由于他们的投资行为并不

---

[1]　普米族简史编写组编：《普米族简史》，民族出版社 2009 年版，第 268 页。

具有官方认可，几乎没有所谓政府手续可言，他们在当地合法性的唯一依赖似乎就是与本地人形成的默契。而举行一次本矿洞的祭洞仪式无疑是获取信任和支持的有效方式。

正如斯科特所言："如果我们在精英所强加的行为一致的表象背后发现无数的匿名的反抗行动，我们也会发现，在象征的和仪式的顺从背后也存在着无数的意识形态反抗的行动。"① 事实上，面对在资本占绝对优势地位的外地老板，村民们会沿用具有悠久历史的仪式来重新确立自己的主人地位，其中作为代表的就是"祭洞仪式"。该仪式名为保佑矿洞出矿和个中人员安全，实则蕴含着在外来资本压力下，普米族人争取由象征体系的控制权延伸为对本土资源支配地位的抗争行动。由普米族祭司"释比"主持。仪式过程根据笔者采访整理如下。

需要猪头一个，嘴里衔着猪尾巴；大红公鸡一只；酒器茶器（装白酒）；三生（即一个盛了大米的碗上放一块肥肉）。在面向洞子的左边，堆一个方台，要一株青松（主体上有三层枝桠），插在台子正中间。

一、请神：天上的神，玉皇大帝、王母娘娘请下来，说明今天祭祀人的姓名、家族、属相。言明是因家庭困难，需要挖矿来补贴家用，希望保佑他安全、财运好，能挖到矿。用大红公鸡、猪头、酒、茶、香、香柏和酥油一起烧，洞口左边置土台，上插松木，铺松毛，洞主抱起公鸡跪着磕头（公鸡必须是洞主家里的，如果洞主是外地老板，那至少要将公鸡在身边养三天）。

---

① ［美］詹姆斯·C. 斯科特：《弱者的武器》，郑广怀、张敏、何江穗译，译林出版社 2007 年版，第 369 页。

二、请山神、本主、财神，只要释比知道的山神都要请，所有知道的本主也要请，所有知道的财神也要请，后面程序同上。

三、请龙王，附近水塘的龙王全都请过来，后面程序同上。

四、请祖宗，只请洞主家族的祖宗，后面程序同上。

第一部分结束，然后东巴杀鸡，一边杀一边形容鸡的特征，是怎样的头，怎样的翅膀，怎样的羽毛等等。然后一刀杀掉，把血滴在每一个祭品上。清理好后，整只鸡放在锅里煮。水开后，把血沫捞一碗，鸡捞在盘里，手脚朝后，头朝向洞口方向。

五、再祭，即乐化，即熟祭。但山神、天神都不请，专讲吉利话。

仪式结束后，举行宴席，宴席的时候一般有四五十个人，周边矿洞的老板和民工都叫过来。祭洞子要杀猪，马帮把小菜驮上来，还带着两三个厨师。啤酒十几件、饮料几件、烟若干条。摆十几桌，没有桌子，就在草地上，大家随便吃，每人两包烟。整个仪式花费四五千元，一般是本地洞主建议，投资的老板就入乡随俗，在祭祀的时候，让跪就跪，说怎么办就怎么办。

整个仪式约 1 小时，几乎类同于普米族的传统祭山神仪式，有的释比也干脆说"它就是祭山神"。然而与之不同的是，祭山神需要吹号角，而祭洞不需要，这是因为祭山神要将消息广播四方，让各方山神保佑出门人的安全，而祭洞则只是对本山山神所言。此外，祭洞子说的吉利话也是一大特色。这一段吉利话很有意思，它大概是融合了老板的心愿，专说发财大计，台词也十分灵活，视主人的情况和当时情形随机应变。仪式过程中，常常会应老板或洞主的要求打卦，有三种看卦介质，分别是猪的肩胛骨、鸡蛋、鸡头。通过打卦可预测矿洞吉凶，据一位释比说："有一次我给下面村子的一个拉玛人祭洞，祭完后我说你这里很快要出事，你小心点，他没放在心上，果然，不过一个月，他洞子就塌了，压死了人。"这样的传言不胜枚举，本地人十分相信释比的预测，这种氛围似乎也感染了外地的老板，如果卦象不利，他们通常会依计行事。

一位编写过《兰坪盐志》的麦地坡人跟我谈起普米族的生态观时说道："野生动物是山神的，家畜才是自己的，有一个例法，对什么人、什么时候可以打猎有严格的规定，所以要是不小心在外面打到不该打的动物如大型动物等，就要祭祀山神，意为向山神归还。"山是普米人生活的依靠，正如他们所言的"靠山吃山"。来自山中的矿石无疑是山的馈赠，当然也被视为山神的物品。开矿从某种程度上几乎等同于打猎，人们从山中取走了生活所需之物，必定要用感恩之心和祭品向山神予以回报。只有祭祀过山神后取走的猎物才是合法的，同样的法则也适用于矿石。缺乏合法性的外地投资在进行祭洞仪式后便具备了麦地坡普米人精神层面的合法性。仪式赋予了开矿活动以安全，这样的安全基于不触怒山神的索取行为之上。而诚意的祈祷可以感化并获取山神的慷慨馈赠，这一点与汉族的日常祭祀也极为相似，即功利性的祭拜。

仪式的倡议者、主持者均是本地人，而在矿上说一不二的老板在这里却百依百顺，"让出钱就出钱，让下跪就下跪"，仪式过程中呈现出特纳所谓之"反结构"状态。在此，仪式具有重组社会结构，使社区中某种身份或权益合法化的作用。外地老板邀请释比以祭山神的仪礼主持矿洞开洞仪式，以求财源滚滚、人员平安。这既可看作中国人普遍上对未知力量的尊崇，也可视为其在当地谋求社区合法权利的仪式性过程。通过这样的仪式获得当地人的认可，借由对神的祭拜，而征求祭神群体即麦地坡人的普遍认同。而麦地坡人也通过这样的仪式强调了自己作为土地主人的地位，通过让老板参加仪式而表示对其接纳的同时，也以此为契机获得老板对本族群地位和文化尊严的认可，进而在利益分配中占据较好的心理位置和谈判空间。

在三界村主持祭洞仪式颇有声望的一位释比告诉我："以前在三山那边，我们祖先去开矿，也会祭洞子，我小时候跟着我叔叔（也是释比）到处跑，学到了，主要是为了安全，第二个才是求财。"这项颇有传统根基的仪式已然成为三界村及附近村落开矿的必备程序，开矿高峰期，释比不断被请上山主持仪式，他们也因此获得了不菲的报酬。这是"农民由他们的经验所形成的文化"，将此列入考虑之内，"才有可能决定在何等程度上和以何种方式，农民确实接收了精英的社会秩序观"①。事实上，通过祭洞仪式，麦地坡村民成功地将这些资本雄厚的"外来精英"纳入了自己的社会文化结构。老板们的开矿行为以本民族的释比为中介告与神知，并获得神谕。村民们因此获得了完全的自尊地位，被老板和外地矿工们称呼为"某总"。最终，在法律几乎没有效力的矿山上，老板们的开矿行为获得了普米族的神的许可。

当前政治生态学的讨论十分关注与环境资源有关的社会运动和抵制技术，美国的人类学家盖宗②（Lisa Gezon）对马达加斯加

---

① ［美］詹姆斯·C. 斯科特：《弱者的武器》，郑广怀、张敏、何江穗译，译林出版社2007年版，第49页。

② Gezon L. , "Of Shrimps and Spirit Possession: Toward a Political Ecology of Resource Management in Northern Madagascar", *American Anthropologist*, 1999. 101（1）.

北部沿海地区捕虾业的研究是相关研究的一则经典案例。当地安坦卡拉纳人面对国内外更具有权力、财富和名声的竞争者,在祭祀仪式中将其邀请并纳入进来,从而使其承认安坦卡拉纳人的合法权威,他们还对信仰体系进行了改造,将因资源开发引发的不幸之事归结于外来者对当地禁忌的破坏。祭洞仪式与这则案例在某种程度上表现出了相似的特质,均展现出了"文化是如何创建和改变人与人以及人与环境的关系"[①],体现出人在全球化政治经济体系中的能动性。

第二节　传统生计转型与生态观念变迁

生态人类学认为生计方式对人们如何感知世界具有重要影响,因而首先与生态观念息息相关。生计方式的改变势必造成人们对待周边环境的态度发生变化,最终引致其环保行为的改变。

一　耕牧结合的生计方式

麦地坡村位于一个半山腰上,山底海拔约 2200 米,山顶海拔约 2750 米,海拔最低的一户人家约有 2323 米,最高的约有 2430 米,高差大约达 107 米。林线约在海拔 2470 米的位置,往下是坟地,再往下才是住户和农田。农田主要分布在房前屋后的缓坡以及村子周围开垦出来的地方。近些年来,麦地坡的耕地数量发生了巨大的缩减,缘于坡度较为陡峭以及离村较远的山田被抛荒,而留下的基本是村民口中的"甲等地"和"乙等地"。

---

① 张雯:《试论当代生态人类学理论的转向》,《广西民族研究》2007 年第 4 期,第 34—39 页。

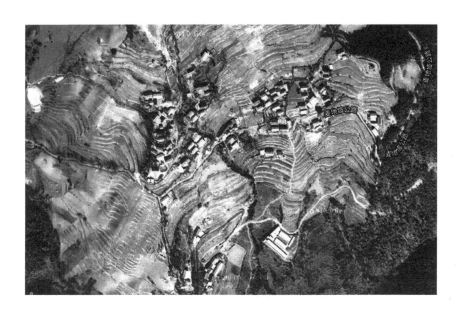

图 9　麦地坡卫星俯视图

　　在传统社会，每个普米族家庭都会蓄养大量的牛羊马骡，并在附近的山林中游放。同时，在村子周边，开垦山田，种植燕麦、小麦、花荞、苦荞、青稞、大麦、豌豆、黄豆等作物。在家中，他们又会饲养猪、鸡、鸭、鹅等家畜，通常也是采取半圈半放的方式。放牲口是他们耗费劳动力最多的生计活动之一，也是他们获取货币收入以交换外来货品的主要渠道。而牲口的粪便和铺圈的松针混合发酵成的粪肥则是庄稼地里最重要的肥料。基于这样特殊的地理形势和文化传承，普米族形成了耕牧结合的传统生计方式。

　　河西乡的普米族人主要聚居于四个普米族行政村，分别是三界村、箐花村、大洋村、联合村。这些普米族村庄互相联姻，关系紧密。各村的地理和生态特征基本相似，生计活动也呈现出较显著的一致性，麦地坡小组自然也不例外。表 3 为这些普米族村庄一年四季的基本农事安排。

表3   麦地坡四季农事安排

	月份（农历）	主要农事安排
春季	一	碎土
	二	种苞谷、种土豆
	三	种豆子
夏季	四	种豆子、牲口上山、铺塑料布、除草、将草做猪食
	五	种蔓菁菜
	六	打麦子、撒绿肥、种蔓菁菜、种白菜
秋季	七	采菌子、采花椒
	八	挖洋芋、收苞谷、撒麦子
	九	挖洋芋、收苞谷
冬季	十	收苞谷、收绿肥
	十一	收绿肥、烧干巴菜
	十二	砍柴、扒松毛

　　麦地坡村民在20世纪80年代初曾经用过一段时间化肥，但据他们说，由于地方土质的原因，用了化肥以后，土地会板结，因而又恢复了传统的施肥方式。传统的肥料是每年农历十二月份，村民纷纷上山去自家的松林地，他们叫作"松场"，扒取地上堆积的松针，背回村中固定的地点堆积起来。而后，每隔一段时间，就取表面松软干燥的松毛到家中的牲口圈中垫地。这样，既免却时常打扫圈房之累，又可将牲口在圈中随地拉下的粪便自然地与松毛混合发酵。每年，这样松毛粪会取两次，取出时，由于长期的堆积发酵，松毛腐烂并与粪肥混在一起，冒着热气，整体呈黑色，这就是村民所说的"家肥"了。但实际上，化肥也并没有完全淡出视野，村民经过长期的总结，将家肥与化肥混用，收到了最好的使用效果。每年农历二月种植苞谷之前，先用农家肥将整片土地完全覆盖，再把

地翻犁一遍，然后再撒种子，等到作物开花的时候再撒化肥。据说松毛在土中能够将土质松化，而不至于板结，作物开花时期撒化肥，可以使其更好地生长。

图10 麦地坡村民从山上背下松毛并在田间屋后堆放

20世纪90年代末，河西乡农科站开始推广使用地膜覆盖技术。如今，这项技术已然为村民普遍接受。在滇西北高原地区，日照强烈，雨水较少且灌溉困难、昼夜温差大，地膜能够有效地保温保湿、保水保肥，对增产增收颇有助益。每至春播时节，麦地坡周边的田地里满是亮闪闪的地膜。覆盖地膜最少需两人协作，三人最佳，一个铺膜，一个覆土，一个下种。由于男性多在外打工或开矿，村中女性便相约换工互助，劳力不足的家户常会选择不覆膜。过去，麦地坡田地里会复种小麦和玉米，但麦子的根桩收割后会留在地里，耕完地后，需要人力用耙子把桩全部耙出来，否则复种玉米时麦桩会将地膜戳破。泰丁矿山开采后，人们不愿再将劳力用在农业，村中大部分家户直接取消了复种，不再耕种小麦，日常饮食完全改以大米为主。

由于村庄位于半山腰，因而许多田地坡度很高，致使农耕机的推广在此地并不成功。如今，村中的耕牛依然在耕地时占半壁江山。窄小的梯田、陡峭的坡地均不适宜农耕机的操作，常有因其受伤的情况。虽然国家会对农具予以下乡补贴，但截至2015年5月，全村仅有2台农耕机。人们在耕地的时候会刻意清理残留的地膜，由于残膜很多，不得不频繁清理。坡度更高的地块不适于种植苞谷、小麦等作物，村民通常会用其种植绿肥。其生长十分迅速，且只需撒种即可，生命力十分顽强。村民们割下大量绿肥晒干后与苞谷面混合饲喂牲口，尤其是冬天草料较少的时候，是重要的补充饲料。而在陡坡地，绿肥恰恰是十分优秀的水土保持植物。它保护了下面的农田不受暴雨的直接冲刷。

我们可以看到，在主食方面，过去麦地坡的普米人以田中种植的洋芋、苞谷、麦子为主，同时兼种蔓菁菜、绿肥以及各类蔬菜。村民的生活不仅与农地息息相关，且靠山吃山。他们的房屋是用松木建造的木楞房，他们的燃料来自山松，肥料主要成分之一的松毛是山松的落叶，此外还有菌类等山珍也多见于松林之中。松木对普米人具有特别的意义，以至于他们的山神树都是选择一棵漂亮的松树打扮一番，每年上山祭拜。当地汉语方言中除松柏之外的其他树种被统称为"杂木"，而"杂木"是在一些对自己来说不很重要的事项如大炼钢铁铜中伐木烧炭时被首先利用的。每一户普米人家都有一处属于自己的松场，这是和田地一样宝贵的地方，是生计的来源之一。在普米族村寨周围，都可以见到郁郁葱葱的松林，即便经过数十年矿山开发的破坏，每一户人家仍然保留着一片松林地。

　　普米人的猪牛羊鸡均会上山吃草觅食，它们的大量粪便会留在山上，作为山上植被的天然肥料。而这些松毛又与粪便混为肥料，用来滋养田间的苞谷、洋芋等作物，苞谷成熟后，被用作牲畜的饲料，而牲畜在进食饲料的间隙，又会上山觅食并排泄。在此，我们可以观察到一个良性的生态循环系统。能量在人、田、牲畜、山林之间轮转，和谐共生。

　　这是居住在半山腰的普米族根据环境发展出的一种独特的适应方式，实际上，它并不是亘古不变的。我们可以发现，直至二三十年前，这样的适应性变迁仍在持续，如化肥家肥混合使用、田地覆膜等。在一些学术论文和媒体介绍中，普米族的生态文化常被宣传成为一种独特的"山岳文化"，即有着天然的环保意识。而在笔者看来，这样的意识与其看成一种全民信仰，不如说是他们对环境的适应性策略。尹绍亭认为，人类的任何一种生计文化系统，都是以自然生态系统为基础并融合了人类的目的、策略和行为的文化系统①。普米族对周边环境的特别看护，源于他们对传统生活方式的依赖。在这样的生活方式中，诸多所谓的环保理念是嵌入在他们的生活意识中的。他们无意识的环保行为更多地基于现有的生态循环系统发展而来，而一旦这样的传统生活方式遭到剧变，那他们的行为也会随之改变。

二　对羊的偏好：绵羊与山羊

　　麦地坡人在仪式庆典中对绵羊格外偏爱，传统的普米族丧葬仪式需要使用纯白的绵羊以代表死者吃掉子女供奉的食物，普米语称

---

　　① 尹绍亭：《云南山地民族文化生态的变迁》，云南教育出版社 2009 年版，前言第5 页。

为"戎肯",翻译为汉语是"给羊子"。传统婚礼中,也以宰杀绵羊为主,有一道固定的肉菜即为粉蒸绵羊肉。据说是因为山羊被杀的时候叫得太厉害,是媳妇话多的不吉预兆。一位普米族学者在向笔者谈传统礼仪的时候说道:"我们很尊重绵羊,因为小绵羊在吃奶时是跪着的,人应该向动物学习,应该向绵羊学,喝奶时要跪着表达恩情,可能古人的礼也是从动物这些地方得到启发的吧。"

然而,现实生活中,村民却以饲养山羊为主。普遍存在的一个情形是,家中若有老人,便会养一两只绵羊,以备未来仪式所需,其他的全是山羊。甚至一些家户不再饲养绵羊,仪式所需改为从集市购买,但忌议价,保持着某种神圣感。通过访谈,笔者了解到山羊成为主力畜种是并不久远的现象。20世纪90年代之前,河西普米族地区的绵羊和山羊几乎是等量齐观的,甚至在部分农户,绵羊数量占据了优势。伴随着时间的推移,绵羊数量呈现递减的趋势直至在部分普米族村庄完全消失,而山羊逐渐成为人们主要的饲养品种。在这里,仪式和日常生活展现出了两种截然不同的现象和需求。

普米族传统的绵羊文化更多地以其传统的生计和生活方式为依托,而当这些基础在现代生活中发生变化时,绵羊的位置也随之变化。简单地说,绵羊与山羊饲养的优缺点由于生计和生活方式的变迁,被做了重新的考量。首先是劳动力分配的变化。20世纪90年代之前,麦地坡仍是一个相对封闭的农业社区。年轻人的学历多止于初中毕业,甚至更低,人口很少从社区流出,多为子承父业。畜牧是一个家庭最大的收入来源,家庭会专门分配蓄养牛羊的劳动力,通常由未成年人或中老年人承担。时间往前推移数十年,人们会在适宜的山地草场设置圈房,用来蓄养牛羊,通常这样的圈房离家较远。每年秋冬季,需要有专门的人赶着牛羊马翻山越岭,走上一两天到达圈房，在那里饲养牲口，直到春夏时，家乡附近的草场长草了再回来。绵羊喜新鲜牧草，而山羊则摄食较杂且觅食能力较强。因此，当如今年轻人大量外出求学、打工，曾经专门的放羊劳力被现代劳力市场吸收，羊群的活动范围因此受到了限制，固定在村子的周围。显然，在这样的情况下，山羊具有更优越的生存能力。

其次是两种羊相异的生理特性。一般而言，河西本地的黑山羊比本地绵羊繁殖更快，山羊通常2年生3窝，绵羊则是1年1窝。且"山羊被石斗砸下没什么事，绵羊不行，山羊生命力强"。用村民的话说："山羊比绵羊发展得快。"在市场经济中，迅速扩大种群能够在单位时间内获得更大的收益。

而绵羊体型较大，单位数量的绵羊储肉量远大于山羊，更利于大规模的放养和迁徙。且纤维长而柔软的绵羊毛则是良好的制衣材料。山羊毛硬而短，无法利用，绵羊的这些特性在传统普米族社会中均是山羊绝无可比的巨大优势。在传统的普米族社会，绵羊的价值是全面且持久的。它不仅为人们提供肉奶，还有制作衣物的羊毛，更是重要的仪式用品。而当普米族人的衣物已经完全从市场购买，几乎没有人再穿传统的羊毛毡衣。较小的养殖规模无法使自家羊群提供稳定的奶源，而从市场上却可以极为方便地购得商品牛奶。婚礼上甚至不再用绵羊肉，改用能够买到的烤鸭、鱼等新型肉菜，连"给羊子"所需的绵羊也可以从别处购买。

事实上，人们的新生活已然与绵羊脱离。在现代社会，绵羊不再具有充斥生活各个环节的"软价值"，而仅与其他羊类一道论斤买卖。市场和交通的便利，也让肉类成为一种日常食品。因而，如何让羊产生更大的经济效益成为人们的首要目标，这使曾经"缺点"良多的山羊迅速受宠。

如今，麦地坡 48 户人家，只有 1 户养羊，且数量较小。市场经济和矿业的发展将羊的位置从人们生活中迅速抽离开来。养羊被称为"费劳力"，有"浪费"之义。所谓"浪费"，实则因为从矿山或打工获得的收益远大于养羊，将劳力用于此处着实"浪费"。同时，养羊的风险也是人们顾虑的因素，"羊这种病痛多，风险大"。当地人跟我抱怨乡畜牧站糟糕的服务和无法投牲畜保险，均加大了因羊病死产生损失的风险，而一只上千元的羊动辄死去的损失对普通家庭来说实属不小。一位在矿山取缔后购买了大量羊种并引进外来种羊准备大干一场的村民讲述了他放弃养羊的经过。

羊一般跑 5—10 公里，我腰疼，放不了。之前是请人放，一个工 50 元，请的 40 多岁的男的一个，那点利润都是被这个弄完掉了，没有钱赚。家里面羊都卖完了，你们走之后一个月都慢慢卖掉了。我有个叔叔在州里当官，给我推荐养乌骨羊，但是一只羊要 3000，羊这种病痛多，风险大，这里又不给羊上保险。以前开矿的时候，羊死了，亏个几万元不存在，可以去矿上找嘛。现在没矿了，这样的羊随便死几只，5000 块钱都很难去找。

矿山取缔之后，很多人想起了重操旧业，上山养羊，但很少有人去做。这里一是人们缺乏购买羊种的资本；二是无法承担羊群的损失风险；三是小规模的羊群饲养收益低于打工收益；四是羊在人们生活中的位置已然退化为礼仪象征和商品流通链的一环，失去了其特殊的全面价值。传统普米文化中，羊尤其是白色绵羊具有崇高的地位，许多神话传说与其有关。而伴随着现代化的进程，普米人对羊的偏好发生着持续的变化，从品种选择乃至对羊本身。这折射出现代市场经济对普米族人生活方式深刻而长远的影响。而相对其他村寨的普米族人而言，在麦地坡，矿山私采带来的巨大收益放大了这一影响，使这一变化显得更为极端。普米人对羊的情感被仪式一次次强化，却又在实际生活中被不断重塑。作为历史记忆的绵羊仍存留在普米人的故事和仪式里，与以山羊养殖为主的经济现实撕裂开来，却正是兰坪麦地坡人生计方式转型的缩影。

三　林权意识的重新强化

麦地坡村小组共有林地 15300.00 亩，早在民国时期，麦地坡村周边的林地已经被划分，个体可以自由买卖。往往是地主家的林地较多，而穷人家的林地较少。但普米族生活在森林之中，林地对生存十分重要，因此，即便是村中最穷的家户，也拥有一部分林地，而不至于将其售卖一空。1949 年中华人民共和国成立后，林地的重新划分与土地改革同时进行，地主的林地被没收，全村按照人口平均分配林地。这一林地划分对人们生活的影响并不显著，因为它的成果只维持了很短的时间。随后全国开始倡导走"农业合作化"路线，刚刚被分配到户的林地又重新合并为集体林。1962 年，伴随着中央政策的放宽，村民获得了少量的自留地和自留山。但由于绝大部分劳力仍用于集体劳作，自留山对家庭经济的作用十分有限。1981 年，伴随着生产承包责任制的推行，林地划分也随即在麦地坡开始。各家户在自留山的基础上又分了集体林的林地，大家抽签决定所分的林地，大小各异，政府发予林权证。

1981 年的林地分配是 1949 年后首次将林地确权到各家各户，分到林地的家户对各自的林地具有较为明确的权利和义务。林地所有人可以在自己的林地中砍伐需要用来做柴薪或房屋的树木（需要村政府和乡林业站两道审批手续），也有义务保护自家林地不受偷伐，及时排除森林火险，看护珍稀树种。此时，林地在麦地坡人的生活仍扮演着较为传统的角色。它提供用来垫牲畜圈的松毛，提供柴薪和建材，是菌类等山珍的来源，也为传统医药提供药材，当然，它还是放养牲畜的主要场所。然而，除却松毛和木材，其他的资源搜集似乎并不受林权的限制。大家本着和平共享的原则，接受大山的馈赠。彼时，麦地坡交通不便且没有集体林，伐木并不是可行的生意，既违法又成本太高。由于林权无法买卖，林地功能单一，且看护义务极多，甚至有的人家不愿多分林地。从1981年至2002年，麦地坡人对林权有着十分模糊的概念。

2002年，第二次林地确权开始。一位林业站的工作人员讲述了彼时分林的状况。

新的林权划分是2002年，这次划分跟老的那个没什么关系，老的林权证，只是一个参考，因为一是管林子麻烦，那时候树林看不到效益，人家宁愿少管一点，二是经过几十年，本来一户的都发展成好多户了，需要重新勘定。我们拿好图纸过来，每家出1个户主，必须户主签字画押之后，我们才确定林地，不然村干部代签都不行。

这一次林地划分重新勘定了各家户的林地边界，发予新的林权证。这一次林地划分很快便体现出其直接效益，也在诸多利益冲突中重新强化了人们的林权意识。2004年开发的果娘矿山到2008年开发的泰丁矿山均占据了大量的林地，使用了大量的木材做坑木。它牵带了一条林地所有权直接变现的利益链。由于果娘矿山主体属于麦地坡对面的东至岩小组，因此位于麦地坡境内的泰丁矿山对麦地坡人产生了最为显著而深刻的影响。正如人们所言："开矿时，大的冲突没有，小的林地纠纷倒是有，开矿开到别家了，就两家协商，一次性付给矿洞费做补贴。"这样的补贴大致从5000元至10000元每个矿洞不等，例如一位大三界小组的村民来到麦地坡开矿，购买了他姐姐林地上的一个开洞权，一次性付了10000元。此外，"没活的时候就砍木头，卖给矿里撑洞子或者建板房，15—20元/棵，1天拉3趟，1趟18棵，别人家林地的也会砍"，也是收入颇丰。

丰饶的收益使得人们对于自家林地的界线和使用状况十分敏感，他们大异于从前，时常上山巡视，及时阻止其他家的越界行为。传统的亲属网络为解决林地纠纷提供了缓冲空间，但依然摩擦不断。林业站的工作人员说道："林权要均分，秉着自己享有、自己管理、自己受益的原则去贯彻，但是事实上好像和中央想的并不一样，村民利益冲突多，这和农民的切身利益有关。"这位工作人员提到，伴随着事件复杂程度的加剧和村民政策意识的提高，为了避免处事方式不佳的诟病，他们现在对纠纷的处理越来越多地选择上报而不是就地协调。过去由村领导或家族长者协调解决的问题，现在常常由公安出面。他最后说道："以后林权重新流转后，利益冲突还将更加激烈，因为林子这就可以产生直接效益了嘛。"

一些历史的遗留问题经过发酵，在林权的问题上产生了村庄内部的分组对立。1981年包产到户时，由于地方当时响应上级政府的号召，包产到户前集体规模越小越好。实行缓步推进、先包产到组进行过渡的方针，将村子分成了一社二社，以村中和川东家边上的排洪沟为界，每个社单独办公，各自管理社员和集体林地。1984年包产到户完成后两个社又重新合并，但是只是行政合并，即两个个社的社长和会计合并为一个社长和会计，但集体林这些没有合并。刚包产到户时，各家分了松毛场，其他森林属于集体林。2002年林权改革时，集体林需分到各家。当时一社的集体林面积较大，二社林地面积虽小，但其树木长势较好且挨近区吾银矿和果娘矿山。二社的村民对这片集体林的收益有着较大的预期，因而就在全村一起分林地之前，事先在二社内部将集体林分掉了。与之不同的是，一社以少数服从多数的决定保留了在村后"南青宫①"山上的300亩集体林，由二社集体所有。到后来，"南青宫"山被发现有矿，包括洞口费、林地租赁费等实际收益引发了二社的争议。二社村民认为，这些林地为麦地坡全村的集体林，应该平分利益。然而一社不同意，他们认为二社早先私分集体林，此时无权再过问一社的集体林。

二社村民表示，当时在一社村民在二社的果娘山上开矿的时候，二社并没有索要洞口费等，因而规则倒置，同样的俗例在泰丁矿山也应兑现。经过数次交涉，甚至引发了近亲之间的争吵。后来在村中老人的调节下，两社达成了共识。即二社的社员在泰丁矿山开矿时，仅需支付远低于市场价的洞口费。而一社仍保持集体林所有权，将来矿山或林地产生的利益由一社29户人家分享。

从2002年开始，麦地坡村内的林权先后分了三次，因为是否公允的问题一直有纠葛，直到最后采取抽签的方式，将村中林地划分为很多块，社界靠中间的面积略小，靠近社界那些边缘不规则的面积略大，以抽签结果为准，才最终得到公允。村庄内部的林权争议十分频繁，但终归因为血缘和亲缘关系维持在较温和的程度内。而村庄之间的林权争议相对就更为复杂和激烈。

---

① 麦地坡后山，南青宫为普米语叫法音译，此即为后来的泰丁矿山，泰丁据说是拉玛人的叫法，官方文件中一般称其为泰丁。

2002 年林权划分时，因为某些笔者也不甚了解的原因，麦地坡与隔壁拉玛人聚居的热水塘自然村的传统村界被修改，这一条村界也是三界村与河西村的村界。由此，麦地坡的一片传统林地被划属于热水塘。新的村界以山上的一条大路为依准，然而据麦地坡村民所言，过去路两边都是麦地坡的松毛场，路这边是一场，对面是二场。现任麦地坡社社长的一位年轻村民这样说道："似乎是说什么河西村人太多，需要多分点地之类，把麦地坡的林地划给了热水塘和三岔河，我就上去跟他们打了一架，说：'我小时候来这放羊放牛，都知道这是我们家的林地，什么时候就变成你们的了。'"这场纠纷据说演变成了两个自然村的村民群架，最后村委会前来调解，但并没有解决分歧的根本点——林权的归属分歧。因而，新划定村界就这样被合法化，体现在热水塘村民和麦地坡村民领到的林权证中。曾经的松毛场从法理上不再属于麦地坡，然而这并没有获得麦地坡村民的认可。他们依然固执地在路对面的传统松毛场中扒松毛，但热水塘村民对此保持缄默。这个纠纷将一直存在于两村村民的心中，并有可能在未来发酵成为两村争端乃至族群争端。正如一个村民所言："虽然现在好像法律上是他们的，我们不认，这个就像一颗定时炸弹，以后林权流转之类的还要出事。"

第三节　矿业开发与生态变迁

从 20 世纪 80 年代开始，麦地坡人主动实行退耕还林，因地制宜采取农牧并重的方针，生态环境持续改善。麦地坡距村较远的"山田山地"率先被抛荒，牲畜数量持续恢复，畜牧业重新回到生产生活的中心位置之一。有很多在 1981 年包产到户时，只分到一两只羊的农户在几年后已拥有不下 40 只的羊群，可以推算出包产到户后的 10 年内麦地坡整体羊群规模至少增加了 15 倍。

传统生计的恢复和维持仅持续到 21 世纪初果娘铜矿的开采，甚至更早。中国从 20 世纪 90 年代开始的市场经济改革强烈刺激了多种所有制的繁荣，国内人口流动速率大增。凭借最早在温泉矿山中获得的经验和视野，很多麦地坡人前往周边矿山乃至凤凰山打工，加之大量年轻人外出求学和工作，人力资源不足导致传统生计的式衰。一些家户在畜群数量下降后，便没有再着力恢复，离村较近的"山田山地"乃至部分梯田也被逐渐抛荒。

图 11　被抛荒的梯田

某种程度上说，部分田地的抛荒有助于当地自然生态的恢复，且对传统畜牧业也颇有助益。曾有村民如此说道："现在草场比以前好多了，以前必须派一个人去放，怕吃了别人家的庄稼，现在种地的少了，不用这样担心了。"换句话说，部分人口外流造成的田地抛荒实际上减轻了人口增加的压力，为传统生计的维持和恢复提供了生态空间。然而，矿业开发打断了这一趋势。持续 20 余年的矿山私采造就了麦地坡周边生态环境的巨大变化，在传统生计和宗教观念中均很重要的森林、水源、草地等荣光不再，它们均要为矿业让路。

从麦地坡往山下走，麦地坡公路与维兰公路的交接处有一个村庄叫水磨房，得名于村中的 8 口水磨。在河西地区，当地少数民族会利用河流的水力推动石磨碾制苞谷面粉、小麦面粉等。在麦地坡和东至岩交界的山谷中有一条山溪，顺势而下至海拔较低的水磨房，村民利用溪流推动水磨。过去，每至秋收季节，驮着粮食的骡马来回穿行，周边各村村民在此排队等候磨面，十分热闹。然而，这一场景在区吾银矿开采以后便不再有。采矿致使山溪径流量锐减，如今 8 口水磨仅余 2 口，且水量仍呈渐小之势。

苞谷饭是普米族喜爱的主食之一，以碾磨好的苞谷面掺上米饭蒸制。在麦地坡，时有村民提及如今用机器碾磨的苞谷面不好吃，因而自用的苞谷面依然尽量去用水磨碾。因为水磨房的水磨已多不能用，所以还需去远处找水磨。在水磨房，水磨的所有者屡次向笔者询问："（水磨无法使用）影响我们的生产生活，我问了乡里几次，跟县里又说，难说还要说到中央呢，你看能不能去法院告？或能不能申请非物质文化遗产？这样就能世世代代保护下去。"

实际上，水磨的停用仅是矿山开采对生态产生影响，进而直接影响日常生活的案例之一。一位村民表示："银矿排的污水，使这里的河和对面村子的地下水都受污染，东至岩的地下水都不能喝了，以前喝井水，现在都从山上很远的地方找水源用水管把水引过来。"如今麦地坡和对面东至岩的村民均是从附近山上觅寻山溪等水源引水下山，然而由于泰丁矿山的开采，麦地坡部分村民的水源地也受到了威胁。麦地坡的一位村民向笔者抱怨道："我们这里水老是缺，自来水很不稳定。我家是前年装了自来水，因为开矿，把水源地的水泄漏到地缝里，去年重新换了个地方。"

人们刻意规避这些影响，但有时仍不免受损。在麦地坡和东至岩，有多位村民向笔者表示，在过去七八月山洪暴发时，来自附近银矿山的"毒水"就会渗出，区吾、东至岩、水磨房等村的牲畜上山觅食时，时常会误饮一些积水，便会成批死去。有村民估计，从区吾银矿开采以来，这几个村庄因此死亡的牛羊有数百只。一般村民向矿企申诉后，均会获得赔偿。而银矿方面表示这种情况不会发生，因为溶液泄漏对他们来说也是一种损失。2012年7月26日，环境保护部环境投诉受理中心接到群众举报，反映该公司违法排污，后被责令停改。笔者2015年5月到达矿山时，矿山部分地区正停产整修，上马新工艺。

矿石开采对地方生态和村民日常生活造成的影响有时会被村民利用作为利益博弈的筹码。银矿山的环保问题一直是地方政府心中紧悬的一条线，在周边几个村庄中，会有村民故意将体弱多病的羊杀死，而诬为饮下毒水所致，向矿山索要赔偿，并威胁上访。通常要求都会被满足，甚至羊会被以高于市场价的价格赔偿。企业和矿洞的外地老板面对这样的问题，通常需要求助地方干部或族中有能力之人的协助解决，这种"解决问题的能力"是外地老板在地方上开矿颇为倚重的力量。正如有村民所言："村干部那么拼命地去选举，是为了利益。外地老板过来这边开矿，害怕村干部组织村民去闹事，就先要去给他一点好处，干股啊什么的。"村民内部的利益争端也会借环保问题发挥，通过找对方"代理"的矿洞或选厂在生态方面的"麻烦"，以在博弈中获得主动权。

在矿山开采之前，麦地坡周边的树木砍伐并不多。由于这里没有国有林，无须大规模伐木，而村民日常生活需用树木时则向林业站申请，数量一般并不多。20世纪80年代初，林地承包到户后，村民对自家林地一般都有较强的保护意识。且彼时树木变现不易，金额较少，同时传统生计方式对森林颇为依赖，因而植被一直保存得较为完好。周边矿山开始群体私采后，由于矿洞需要使用大量的支撑木，数个矿山尤其是泰丁矿山开采期间，麦地坡周边植被遭到了较大的破坏。2010年至2013年期间，泰丁矿山上的矿洞数量以惊人的速度增加，对支撑木的需求更是每日俱增。一位村民回忆道："树紧俏的时候，就算人去蹲守，都会有人来偷树子。"

对于树木私伐，河西乡天然林计划保护所（下文称天保所）有直接的管辖权和处分权。2012年的一次全面检查中，天保所对泰丁矿山上每一个矿洞开了罚单，使很多洞主不明所以，十分惊慌，然而最终的罚款金额并不多。甚而，这样的例行检查和处分滋生了大量的腐败行为。同时，对林地的保护也有权责不清的桎梏。河西乡政府曾经质询过天保所关于某矿山周边林地大面积私伐的问题，天保所随即封停了整个矿山，并派专人驻守整改。数天之后，乡政府迫于各方压力取消了质询，天保所随即结束了整改行动。

在这样的情况下，私伐树木卖给矿洞曾是麦地坡十分普遍的现象，并在村民的收入中占有相当的比例，矿山上"没活的时候就砍木头"。一位曾在县城工作时入党的村民说："我主要是砍木头卖，一部分办合法证明，再顺着砍一部分，为这个还在党内自我批评，说'环保意识不太好，作为党员为了点小钱就砍了自留山'。"大规模的砍伐使得村庄周边山林损失惨重，一位逾70岁的老人为此感到心痛："开矿以后才开始砍树，原来是原始森林一片一片的啊。"

图 12　在麦地坡西北方向毗邻泰丁矿山的一个山坡，摄于 2015 年 5 月

　　除却因私伐树木卖作支撑木之外，矿山开采本身也损毁了大片树林和林间草地。麦地坡后山即泰丁山的山顶是泰丁矿山的主矿区，在这片较为平坦的山顶森林和草场间曾有数百名矿工于此生活、工作，数十个矿洞同时开挖。为了开拓工人生活区和矿洞，以及运矿下山的林间大路，大片的森林和草场被破坏。由于山顶海拔较高，气温低，植被自然恢复很慢。笔者在矿山关停 10 个月后来到这里，发现植被依然非常稀少。

　　2014 年 7 月泰丁矿山强制封停后，这里冷寂下来，盛宴之后留下的是上百个深不可测的矿洞和大片生活垃圾。对于传统的普米族生计方式而言，这是巨大的损失。一位村民如是说道："养牲口没有好草场，山上都被傈僳族、彝族占了，开矿又毁了一大片草场，上面现在全是矿洞，不敢放牲口上去。"2015 年 1 月，政府曾经派一辆挖土机上到矿山填埋矿洞、清理矿区，迈出了生态恢复的第一步。幸运的是，离村庄最近的森林带由于山神树、天神树、祖坟等的存在以及村民对其生态意义的了解，并未遭到较大破坏，时至今日被村民视为防治泥石流等生态灾害的主要屏障。

图 13　从泰丁矿山驮矿下山的林中道路，共有两条，

分别从东西两个方向进村

矿山私采期间具体的生态损害难以量化，但整个过程展现了麦地坡村民在发展过程中对待生态的激进态度。在学界和传媒界素以"森林的朋友"著称的普米族竟通过私伐乱采对自己家园的生态造

图 14　关停后的泰丁矿山，摄于 2015 年 1 月

图 15　泰丁矿山关停后遗留了大量垃圾

成了几乎不可逆的破坏。个中原因很显然无法以人类学传统的"生态适应"加以解释，也不能简单归咎于经济发展与生态保护的对立，更让我们对少数民族地区地方性知识与生态完美契合开出"多

样性之花"的论调产生疑惑。有学者将其归咎为现代性进程致使普米族"生态观的断裂","现代性的到来,使原本传统的生态观逐渐失去其存活土壤"[①]。如前述,生计方式的转型确实引致了生态观念的转变,进而延伸至其"环保行为"的改变。

有学者注意到,在普米人当中,"一种更具'实用'价值的现代观念正在取代基于宗教信仰的传统观念,他们已甚少使用'神树'、'龙潭'、'墓地'等说法,更愿意强调'防风林'、'水源林'、'肥源林'等概念,并以此与现代生态观念形成对话"[②]。这是普米族传统生态观屡次改变的结果。与此相对应的是,现代"发展主义"的观念正被普遍接受,个中蕴含了他们崭新的生态观。这种新的生态观在国家话语体系的影响下,与其传统生态理念发生着持续的对话和转化。对山神树所在的神树林予以保护的宗教意义被弱化,代之以防治自然灾害的生态功能观。而原先由山神树和万物有灵衍生出的对森林的整体崇拜被破除,短期看来生态功能较弱的森林不再具有特别的神圣感,其经济效益得以突出。

事实上,在中国改革开放以来,在当代,发展主义已经是一种"核心价值",这种价值已经为国家和农民所共享[③]。当传统的生态观念被破坏,国家层面的行动便对农民的行为具有相当的示范效应。而矿山开采带来的巨大效益,使得底层政府有充分的动力抵制来自高层的政策。在河西乡 2001 年一份公文中,乡政府向县人民政府检讨了自己在开发区吾银矿过程中未办理林业审批手续,造成

---

① 郑向春:《断裂的生态观——一个普米族村落生态问题的人类学研究》,安晓平、徐杰舜主编:《社会转型与文化转型:人类学高级论坛 2012 卷》,黑龙江人民出版社 2013 年版,第 205—211 页。

② 朱凌飞:《玉狮场:一个被误解的普米族村庄——关于利益主体话语权的人类学研究》,《民族研究》2009 年第 3 期,第 48—57 页。

③ 朱晓阳:《黑地·病地·失地——滇池小村的地志与斯科特进路的问题》,《中国农业大学学报》(社会科学版) 2008 年第 2 期,第 22—48 页。

"先上马,后办证"的行为。类似"快上大干"的行为在中国各地并不鲜见,人们缺乏现代生态观念,"出现既不受传统制度约束,又不受新制度规范的'失范'现象"。在这样的背景下,麦地坡的矿产资源就像是一支强力催化剂,其与"发展主义"的相遇缔造了当地生态的噩梦。

小　结

在矿业开发过程中,面对外来的投资客,作为土著的麦地坡人沿用了祖先在开矿前的祭洞仪式,将资本雄厚的"外来精英"纳入了自己的社会文化结构,强调了自己作为土地主人的地位,进而在利益分配中占据较好的心理位置和谈判空间。展现出了文化是如何创建和改变人与人以及人与环境的关系,体现出人在全球化政治经济体系中的能动性。

"外来"的麦地坡人主动适应本地生态环境并积极接受周边民族的影响,形成了耕牧结合的传统生计方式。他们多居于半山坡,利用垂直生态的特点创造了一个良性的生态循环系统,能量在人、田、牲畜、山林之间轮转,和谐共生。他们继承了祖先的畜牧传统,延续着对羊的喜好。然而,在因矿而兴的麦地坡,伴随着社会生活的变化,绵羊作为一个传统畜种渐渐被山羊取代,而仅在富有文化惯性的仪式中存在。甚而,养羊乃至畜牧业也正慢慢从麦地坡人的生活中消失。

与羊的角色淡化成鲜明对比的是林权意识的重新强化,由于矿山开采带来的实际效益,变现更加容易的林地受到了空前的重视。并因一些历史遗留问题产生了村内村际的众多纠纷。羊、山林等均是耕牧结合的传统生计中重要的一部分,时至今日,人们对它们产生了迥异的态度。因而，如何对待生态环境常常取决于人们利用它的方式。生态文化从不是一成不变的，而是伴随着生计方式的变迁进行动态的演化。

　　矿山开采过程中，麦地坡周边的生态环境遭遇了巨大的破坏。农民与国家共同分享发展主义的核心价值，在矿产资源的催化下，对周边环境采取了十分激进的开发态度。在麦地坡的生态过程中，生计方式与生态环境展现了复杂的交互影响，并最终集中展现于生态转型的结果上。

第四章　麦地坡的社会转型与 发展趋向

　　社会转型是一个全面而复杂的社会变迁过程，它通常最先表现为生计方式的变迁，继而伴随着劳动关系、劳动者素质、收入规模及结构、消费内容及方式等的变化，最终联动到社会结构、传统文化及生活方式、政治体制等的诸多方面。简而言之，社会转型是在较短时段内发生的较为剧烈的社会变迁。在转型前后，社会常常会呈现出迥然不同的两种状态，具有由量变到质变的意蕴。社会转型包含了发展，而发展则常常表现为由传统向现代的社会转型。

　　在全球化盛行的今天，社会转型很难在某个小型社区内孤立发生，而更多表现为区域宏观背景下的缩影。中华人民共和国成立后，便有"一种全国性文化明显抬头。传统的小型、半自治而独立的农村社区，慢慢被中央政府为主的大众文化所取代"①。因而，在关注小型社区的社会转型过程时，我们必须具有全国乃至全球的视野。既认识到全球化的普同因素之影响，又看到中国独特国情的作用。如清华大学的孙立平教授认为中国社会转型因其独特的历史因素，非制度的作用更为显著，为普通人在行动中运用技术和策略

---

　　① 黄树民：《林村的故事——一九四九年后的中国农村变革》，素兰等译，生活·读书·新知三联书店 2002 年版，第 21 页。

提供了更大的空间。而实际上，中国改革和转型的实际过程，就是人们在实践中博弈的过程。①

社区研究作为人类学的传统，一直以来为学界所普遍运用。人类学家通过在微观的聚焦中加入宏观的视角，来关注和阐释社会转型的过程。"如费孝通、阎云翔的社区研究，都秉承'大处着眼，小处着手'的方法论，试图通过研究'有形村落'来认识'无形中国'"②。同时，小型社区因历史、地方文化、族群等的特异性，常常在其具有"普同气质"的社会转型中蕴含着丰富的个性。

麦地坡从耕牧结合的传统生计到因矿而兴再到突然停矿，社区在短时间内经历了较为快速的生计变迁，并由此引致了一系列剧烈的社会变迁。在社会文化事项不断重构的过程中，传统巫术、社会关系网络、族群关系、信仰体系等依然保持着持续的影响，而新的消费习惯、建筑空间、社会分层、社会心理等也在不断发生。新旧融合，催生着一个迥异于过去的麦地坡。这一过程中，传统与现代性"共度"③，形成了一种崭新的"混杂文化"，国家和农民共享着发展主义的"核心价值"。

第一节　转型视野下的亲属制度变迁

一　紧密的亲缘关系

在麦地坡，氏族具有相当的凝聚力，麦地坡村民几乎均属"茸

---

① 孙立平：《社会转型：发展社会学的新议题》，《社会学研究》2005 年第 1 期，第 1—24 页。

② 刘小峰：《从"有形村落"到"无形中国"——社区研究方法中国化的可能路径》，《中国社会科学报》2012 年 2 月 13 日。

③ 朱晓阳：《黑地·病地·失地——滇池小村的地志与斯科特进路的问题》，《中国农业大学学报》（社会科学版）2008 年第 2 期，第 22—48 页。

巴"氏族，而其发源地的大洋村阳山社，该村村民也多属该氏族，阳山的普米名为"茸巴喜"，"喜"即"村"的意思，"茸巴喜"意为"茸巴氏族居住的村子"。两村互认为亲戚，在重要祭祀活动和红白二事时均会邀请对方。同时，普米族人的舅甥关系十分亲密，这使得母系方的关系也维持得相当紧密。因而，氏族体系、至今仍盛行的大量族内通婚等使得河西乡普米族四大村之间的亲属关系盘根交错，人们几乎可以通过家中成员或氏族关系与其他村的每一个普米族人追溯确切的亲缘关系。

无论是身份构建还是社会认同，亲情关系对麦地坡人均有着非凡的意义，甚至在骂人的时候，村民首先并不是责骂其人，而是数落他的出身。在麦地坡，维系与延展亲属关系的方式有多种，主要分为血缘关系和拟血缘关系。所谓血缘关系是指通过通婚、迁徙等方式产生确可追溯的亲属关系，而拟血缘则是通过认养、认干亲等方式产生的类亲属关系。

麦地坡有5对外村的普米族姐妹嫁进来。两对平均40余岁，两对平均70余岁，还有一对3姐妹，平均大概50余岁，均是其他村子的普米族。有一对姐妹还是嫁给兄弟，这样的情况似乎也并不罕见，多因姐姐先嫁进来，后又做媒或者做媒的找上门问，最后妹妹也嫁进来，姐妹同在一村互相好照应。两个男性同娶一对姐妹后，互称"挑担"。姐妹嫁入同一个村。这样的通婚关系不仅使本村与外村关系更加复杂，也使得本村内的不同家庭之间亲上加亲。

频繁的通婚使得麦地坡成为整个兰坪普米族地区中的紧密一环。由于每一个普米族村寨内部几乎都是亲戚，而一旦村子中一位女子嫁至外村，两个村子的联系便正式建立起来。在确认互相之间的称谓时便会以嫁过去的女子在族中辈分作为参照。女子娘家的同村人便被整体归入姻亲亲属群，与其嫁入的村庄男女老少互称表亲。

在普米族内比较通常的拟血缘关系为干亲和老根，干亲意指小孩改名时认的干父母，老根则是自幼一起长大的同一年出生的兄弟姐妹或幼时玩伴，未来小孩还要认自己的老根为老根爹或老根妈等。干亲与老根关系均呈现出趋异于血亲的独立的关系建立方式和相处逻辑，通常在随礼或日常互动中表现出较一般亲戚亲近得多的相处模式。这样的关系往往超越现有血缘关系的栅格乃至民族界限，容易建立出亲近的跨民族跨家族关系。

可以看到，普米族人生活在一张复杂的亲属关系网中，其中包括血缘关系和拟血缘关系。对于长期生活在村中的族人来说，这构成了他们社交网络的绝大部分。对亲属关系的重视以及这张关系网所能带给他们的帮助和慰藉都深深地烙刻在他们的生活之中。这里较为有典型意义的事项有陪夜文化和退口舌仪式。

普米族人非常尊重老人，每年冬天麦地坡的杀猪饭举办之际，每家杀猪的人都会挑一条好肉和一瓶酒送给族中的老人，这个习俗保持至今。在普米族的传统婚礼上，餐桌上的肉菜端上来后，大家先不吃，会用一根竹签串起来给族中的老人先吃。直至今天，老人进屋后，全屋的年轻人都会站起来，将老人让至火塘里面中间的尊位。普米族人对老人的敬爱更加集中地表现于"陪夜"习俗。

"陪夜"是指当老人得重病卧床时，村中乃至外村的亲戚朋友均要轮流前来守夜。外甥和侄子在乡间的，必须在身侧长时间陪护，在外的则有义务多带礼物如烟酒之类回来。村里人和周边亲戚都会来，人们通常拿着一件啤酒、一只鸡、一袋白糖、几筒面条等礼物去老人家看望，随后在此处闲聊作陪一整夜。老人生病期间，其住处通常十分热闹，村里年轻人和老年人都去。人们打着麻将，聊着天，喝着酒，场面并不肃穆，充满欢聚气息。主人家即病人的儿子或侄子通常会记住来客的礼物，在以后来客的父母生病时，也会依此回以适当的礼物。通常，如果生病时间不长，这些礼物并不会用完，病好了以后还可长期利用，作为康复的营养补充，若死了则直接充为筹办葬礼的物资。

如果病拖得时间很长，他的子侄和外甥会停下家里的活计，一直在身边作陪。如村里一位五保户老人腿部肿胀卧床，但意识持续保持清醒。老人寄住的侄子家负责对来人的接待。住在邻村的外甥则从一开始便陪护在侧，照顾老人的起居。村里人频繁来作陪，有些人会经常来，此时供应午餐、晚餐、夜宵、酒等就会成为其至亲的一大经济压力，亲近的亲人尤其是经济条件较好的会努力帮扶。主要负责操办接待的侄媳妇估计在陪夜期间每天要消耗 5 箱啤酒和 1 箱白酒，啤酒多半由来客礼物冲抵，基本够用，而白酒则花费较大，需要购买补充。老人在外地工作的外甥回来后，带了一整车啤酒、白酒和香烟。在这样的过程中，全村进入一个物资融合后在某一场合持续消耗的情境，它为人们提供情感交流、信息互通的机会，外地的亲戚也会赶来，人们会借助这个机会和他们谈事情甚至请求帮助。甚而笔者也借助这个场合认识了一位常年在外居住的释比，向他讨教了很多信息。人群一直在，会缓和老人的心理负担，大家一起在老人身边谈笑，极大地消除了他的孤独感。而一旦老人去世，会有足够的人手来迅速举办一场体面的葬礼。

老人们十分依赖这样的生活环境，前述的鹿大妈三个儿子均住在城里，自己也因需帮带孙子分别去了昆明、怒江州州府六库、兰坪县城三个地方住过几年。最终，当孙子们依次上学，她还是选择了回村。她说道："昆明人情太淡，邻居互相都不认识，六库、兰坪人情还好，但太热。"回来以后，老人家依然坚持种地，她叫来大三界的一个侄女帮挖地。据她说侄女连自己家里的活还没做完，就丢下活来帮忙，在过去，这位侄女每年都会来帮忙。

笔者寄住的主人家，女主人有一天主动去帮老释比家挖地，老释比由于身体原因无法做农活，他的妻子，一位年近70的奶奶整天挖地，但挖不完。女主人呼奶奶为二姐，似乎是照其娘家的辈分①。她们有复杂却并不亲近的亲缘关系，娘家夫家均有，问是什么亲戚，她说不上来，答曰反正是一个村子的。奶奶说明后天要回帮，她微笑婉拒，知道奶奶无力回帮。这些短期内不求回报的帮助充满了浓郁的人情味，普米人熟悉并享受这一切，并将其奉为普遍的处事逻辑。

麦地坡因其分布于山腰的地理特征天然分成上村和下村。大部分家户居住于上村，只有颜欢多家户居于下村。由于空间区隔，下村人很少去上村串门，但笔者发觉村内的信息传播往往在上下村保持着一致的步调。直至看到村民在阡陌相依的农田里做活的时候彼此大声耍笑，从山坡上很远的地方互相大声说话，旁人也不时大声发出议论，信息由此得到及时交流。除此之外，各种庆典，如竖柱仪式、红白二事、退口舌、迁坟、祭祀等全村聚集的宴席乃至赶集都是良好的沟通时机。当然，住得不远的或亲属关系极近的人家在晚上也会互相串门，沟通交流，但疏远的或住得远的串门很少。此时便有一个仪式会主动将大家重新聚拢，再一次发挥亲情的慰藉作用，同时对亲属关系网络内的不合与矛盾做一次"净化"。

普米族的传统宗教观认为"人的语言是有魔力的"，因而每当家中有人有犯头疼抑或生病时，就会认为是有人在背后用恶毒的"口舌"（坏话）诅咒谩骂而致。便会请释比到来，同时召集男方

---

① 追寻辈分时，第一选择是从父系，已婚妇女从父系来追，但如果丈夫和对方无明显亲缘关系，她会从自己的娘家一脉来追寻亲缘关系。

和女方的亲戚以及同村人，举办"退口舌"仪式。

2015年5月份笔者跟随麦地坡释比和国生前往大三界社参与了一场"退口舌"。那户人家的女主人最近一直头疼，希望以此仪式祛除邪气。在仪式开始前一段时间，就买了一只小母猪在家喂养，直到仪式当天宰杀食用。同村及隔壁小三界的许多村民都来参加。主人家的许多外地亲戚也特意开车前来。来的人不会随礼钱，而是带上若干礼物如酒和饮料等。在释比到来之前，主人家会先用茅草和竹棍扎制一个草人，同时准备好各式祭品等待释比到来。

整个退口舌仪式，除最后为主家驱邪招魂的步骤之外，其余过程中受退人和主人家并不一定在释比身边，多在忙着招呼客人。整个院坝熙熙攘攘，大家分批到来，站在一起谈天说地，笑声不绝。老人们来到火塘边时，所有年轻人均站立，请老人坐在里面，而已坐在尊位的其他老人会热情地招呼，几位老人随之谈笑不断。自始至终，所有人包括释比，均不断讲着笑话，大家状态轻松愉快，甚至释比在进行仪式的过程中会被笑声打断乃至自己笑场。此仪式似乎并不强调其神圣性，而倾向人性：多位久未相见的亲人为了受退人的疾病相聚一堂，显示出对主人家的重视，大家欢声笑语，给予了受退人强大的精神支持和慰藉。退口舌不需要包礼钱，人们至多带一箱啤酒或饮料过来，参与成本很小，并不构成负担。举办此仪式的目的是将加于受退人身上的众多口舌是非退掉。而在乡间社会，尤其是聚族而居的兰坪普米族社区。人们的交际圈往往局限在邻里亲戚之间，故而口舌是非也多生在族内或村中。因此，以猪和鸡等好酒好肉招待本村人和外来的亲戚，起到类似夸富宴的效果，主人家以其丰盛的食物和热情的服务让来访亲朋尽情欢宴，大家接受馈赠，尽兴而归。在笔者看来，这一仪式过程有助于缓解社区矛盾，减少加之于主人自身的各种指责，起到维持亲属关系乃至地缘关系平衡的作用。

亲属关系对麦地坡人的慰藉作用表现为一种支撑性的力量，并体现于日常生活的方方面面。麦地坡一位 50 来岁的妇女，因为一些意外，丈夫和两个年轻的儿子都去世了。2015 年在为其丈夫迁坟的宴席过后，她在家里哭得很伤心。她的大哥从娘家赶来看她，已经在这里住了两天，从早到晚一直伴在妹妹身边。他对笔者说道："我妹妹现在最可怜，什么都没有，就是兄弟姐妹过来跟她作伴，安慰她一下。"家中多位亲戚聚集并安抚一阵之后，她慢慢不哭了，大家聊起来后开始笑起来。在这里，亲情网络作为一种情感支持体系，是麦地坡人生活受到冲击进行心理调适的重要依靠。

近些年来，麦地坡的传统亲属网络在日常生活中的地位及其展现方式也出现了缓慢的变迁。村民参与开矿或外出打工、求学等，导致交际圈出现了较大范围的延展，新的社交关系带来了麦地坡人日常事项的变化。1962 年出生的鹿秀成这样说道："我们普米族以前是不过中秋节的，我们小时候八月十五的时候，灯不给开，明火不给打，不给乱跑。现在跟外族开亲的多，中秋也过，也会吃月饼。我家七兄弟，我有二十多个侄儿子，几乎都是在外面娶妻生子，媳妇也多是外族，什么族的都会有。"此外，过去麦地坡人在腊月举办的杀猪饭，只宴请最亲近的亲戚，通常是家号内的长辈。如今已然蜕变为一场盛宴，用来邀请外地的朋友，如矿上的投资客商、单位的领导等，一些交际广泛的村民家中常会有几十桌客人。

通过婚姻，20 世纪 50 年代迁徙到村内的傈僳族人家也更深程度地融入了普米族社区。其中一户通过普米族邻居的介绍，两个儿子均与普米族女子婚配。通过第二代、第三代的联姻，村中的傈僳族和普米族一定程度上建立了亲缘关系，这种亲缘关系缘于地缘，但又巩固了地缘关系。

以通婚为代表的族群交融方式逐渐带动着麦地坡过去以族群血缘及地缘关系为基础的社交网络向破碎化、跨区域的新型社交关系转变。然而，这样的转变依然挟带着传统形势的影响。在后面的讨论中，我们将会看到，传统的亲缘关系对于其生活的意义和影响依然十分巨大，包括矿业开发过程中"代理人制度"的出现均与其有直接关系。

二 家号制度的再强化

2015 年，麦地坡小组登记民族全部为普米族，然而村中有四家是集体时期（约 1958 年）从后面山上划进来的，他们均为散居在山上的傈僳族，政府为了方便管理、改善其生活环境，将其迁居到麦地坡，分予房屋田地。这四家分别是和姓、罗姓、乔姓、李姓。如今他们的民族身份均已是普米族，经过数十年的交融过程，这些家户与村中其他普米人家几乎无异。除却这四家，其他家户均为鹿姓，属"茸巴"氏族，分属"兰诺""西蛮""西古人""欢无""颜欢多"几个"家族"。他们公认一个祖先，认为本家是在约 230 年①前由大洋村的阳山小组迁徙而来，如今，本村鹿姓仍与阳山鹿姓保持着较为紧密的亲属认同和日常联系。

这几个"家族"的祖先先后来到麦地坡，村里最早来的，是阳山的"苦力西"，据说是放羊偶至此地，觉得风水极佳，而阳山拥挤，人多地少，便决定迁居于此。来了以后就在坡地上撒起了一片

---

① 据村民所言，集体化时期开梯田时挖到了墓碑，经过推算，所知最早约 230 年前就来到此地。

麦子，那一年麦子长得相当好，村子便命名为麦地坡，这一家如今发展成欢无家。后来又从阳山来了一个人，他生了三个儿子，老大发展成兰诺，老二发展为西古人，老三发展成西蛮，后面这些家又不断分裂成一个个的小家，并以各自聚居的地块命名。不久又从大竹箐搬过来颜欢多一族，这一局面一直延续到今天。

　　村民在日常用语中所指称的地块均以所住家族命名。事实上，同一个家族的人都居住在同一片区域，屋舍相连。而所谓的家族名称也具有所处地域的景观和空间特征，如西古人意为"中间"，西蛮意为"村底"，欢无意为"地势平坦的地方"，颜欢多意为"有一片平地的地方"。同时，从大家族分离出的若干小家族，他们的名称与所居地则有着更为密切的关系。如从兰诺家族分出的几户兄弟组成了"学堂多"，意为"有学堂的地方"，此地本是民国时期本村私塾所在，亦为1949年后本村小学所在。还有从欢无家族分出的"欢多"，其意为"平地的边上"，这几户人家均居于欢无所处的一片平地的边缘。

　　之前林耀华在四川康区的研究中曾观察到类似的现象，并称之为"屋名"，他如是说道："戎人家族没有姓氏，但每家住屋必有专门名号，这名号的含义很广。它代表家屋承继人的一切权利与义务，举凡住屋财产、屋外田园土地、粮税差役、家庭世系以及族内人员在社会上的地位等，莫不在住屋名号之下，而有传统的规定。"[①] 云南迪庆州的本土人类学家萧亮中也在对纳西族的研究中注意到这种现象，并将之命名为"家号"。他形容："户名的来历多数是用住家的地理特征，居住方位、先后，主人职业等能辨别清

---

　　① 林耀华：《川康嘉戎的家族与婚姻》，原载《燕京社会科学》1948年第1期，第134—153页。后收入林耀华《从书斋到田野》，中央民族大学出版社2000年版，第489页。

楚、互不混淆的名称①。"这种家户名称会逐渐成为村中这一块地域的指称,即便住户发生变化,名称通常会沿袭下来。萧亮中通过研究认为纳西族的历史呈现出"从家号畛域转为家族认同,并继而接受汉人的一系列家族观念②"的过程。同样的现象也存在于麦地坡的普米族,而表现得甚至更为复杂。

如前述,麦地坡普米族属于同一个氏族,名为"茸巴",普米族的氏族分布呈现出"大杂居、小聚居"的状态,以"茸巴"氏族为例,其氏族成员从四川木里直至河西大洋村的阳山小组均有分布,范围分散,但微缩到自然村的级别,又几乎是聚居在一起。除氏族名之外,普米人都有一个汉姓。除却嫁进来的媳妇或上门入赘的女婿,本村人几乎都姓"鹿"。然而,鹿姓只是"茸巴"氏族中的汉姓之一,此外氏族内还有诸如"杨"等汉姓,但互认为一个祖先,且氏族内部不通婚。

麦地坡的普米族人属于同一个氏族的同一个汉姓群体,关系非常紧密。对外,他们都互称对方是自己的亲戚,常称本村人为"一个家族的"。而在村庄内部,他们的又重新将"家族"的定义分层,如涉及矿山上活计的分配问题,有些村民就会说:"村里打矿的不会把自己矿上的活分给我做,肯定是分给他家族里面的其他人做。"可以看出,对外言称的"家族"是茸巴氏族内鹿姓分支乃至整个氏族层面的认同,而对村内言称的"家族"则为鹿姓分支下的更亲密的亲属圈——"家号"。

家号的认同来自数代内可追溯的祖先,如"兰诺"、"西古人"和"西蛮"便是麦地坡第一代住户的三个儿子发展成的三个家号名

---

① 萧亮中:《车轴:一个遥远村落的新民族志》,广西人民出版社 2004 年版,第 39 页。

② 萧亮中:《车轴:一个遥远村落的新民族志》,广西人民出版社 2004 年版,第 45 页。

称，三个人来到麦地坡便分家，各自发展出了自己的小家族。据说，"兰诺"是老大的本名，"西古人"和"西蛮"则具有具体的地理意涵，体现出了家号命名的不同方式。当笔者以两个人为例让一个村民分辨和谁更亲时，他毫不犹豫地选择了同一个家号的一位村民，他这样说道："我和××亲一点，因为我们祖爷是同一个，（我们祖爷）和××他们家的祖先是两兄弟，要远一点。祖爷的坟地还都在上面，都可以看得到。"家号内的村民间可能已经更迭数代，实际的血缘关系已经比较疏远。然而这种地缘与血缘的长期积累，将家号固化为同一个氏族内的一个个小"家族"。

在村民看来，家号内成员间的亲密程度最高。有村民说道：过去，……村干部有时候怕不能服众，有时候也会把一个家族中没有儿女的拉上去批斗，对本家号内的人下手被视为"大公无私"的表现。事实上，家号内的几户人家不仅是可追溯祖先的亲属，也是邻居，甚至伴随改革开放后村庄内部关系的碎片化过程成为更紧密的祭祀共同体。

20世纪80年代之前，麦地坡在背后的山上有一棵全村共同祭祀的山神树，每年的农历二月，村民会以小家庭为单位各自或相约上山祭祀①。然而从1989年之后，村中陆续加增了4棵山神树，两棵分属于"颜欢多""财神多"两个家号，另外两棵分属于"西蛮"和"学堂多"，山神树的分立通常是各个家号的主动决定，"颜欢多"一位70岁的老人讲述了这个过程。

> 我大伯觉得上面那个山神树太远，就说反正是一个梁子过
> 来，就在下面这边选一个，就和我一起去选了一棵松树，要枝

---

① 普米族的每一天甚至每个时辰都依照十二生肖属相排列，需要选择与家庭成员属相不相冲的日子才可上山祭拜山神。

桠漂亮的，我们俩第一次祭了一下，大概是 1989 年的事情，后来我们颜欢多就每年在这边祭，不上去了。

一些村民解释说是因为 2 月份祭祀山神的时节，老的山神树边参与祭祀的人太多了，站不下，一些村民便又去周边另找一棵松树认作山神树。抑或单门独户地前去祭祀，抑或获得整个家号的认可，成为这一家户的总山神树。一位村民略有反感地评价道："那两棵都是他们瞎搞，山神树只有一棵，那么多棵山神都来不及吃呢。"

我们可以看到，家号从形成到强化的过程展现了麦地坡普米族结构距离和生态距离的动态互构，是普米族亲属关系"差序格局"的缩影。对于普米族来说，从民族—族内氏族—氏族内的同个汉姓分支或同村分支—家号—核心家庭，亲缘关系的呈现趋向亲近的态势。而普米族的家号制度呈现出其独特的血缘关系与地缘关系的结合方式，进而展现出家号与村落景观的命名互为呼应的特别事项。这是小家庭与大家族之间的中间"产品"，既保证了小家庭的独立性和灵活性，又为力量的联合提供了方便合适的机制，是普米族人在特殊生态环境下长期适应与发展所摸索出的生存之道。

三 矿业开发中的代理人制度

在麦地坡，矿上管事的有两种人，一种叫"老板"，另一种叫"洞主"。"老板"是外来的投资客；"洞主"正是前述中的"管洞人"，是老板在本村寻找的委托其管理矿洞事务的人。外地老板拥有大量的资金。这些资金为他们具备大规模开矿的能力或经过注册的合法权利，但这样的权力常常是在区域所属者即某位农民的许可下才能得以生效。由于他们在当地的关系网络中并没有任何优势，无论是合法开采抑或非法私采，均面临着周边很多利益相关者的威胁。为了确保财产的安全和开矿的顺利进行，他们常求助于有名望或有能力"摆平事情"的本地人，如此便塑造了所谓"代理人"群体。

从实际效果看，代理人与本地其他村民之间不无矛盾，因为他们存在的意义便是让矿主以较低的代价获得安全与利益，这也就意味着他们需要说服本地人放弃一些他们本会得到的收益。说服的运作机制依赖于传统的关系网络，他们常以某个家族的一员的身份来到调停现场。这不同于斯科特所形容的吉打州地主通过机械化将旧有阶层关系破坏以进入对其有利的市场化进程。代理人依旧依赖于传统的社会关系网络，并且在用自己的行动不断强化它，而其强化行动本身提高了自己在传统关系网络中的地位，最终获得了更高的说服能力，增强了其作为代理人的作用和地位发挥。在此以偷矿为例说明，一位年轻人如此谈及其偷矿的心理："我们普米族最团结，不会互相偷。如果这个洞子是村里人管的，我们就不去弄。通甸那个拉玛朋友会偷拉玛，因为那边的拉玛跟这边的并不熟悉，但我们普米之间都是亲戚，看到了害羞。"

在这里，所谓偷矿行为的族际差异和选择性现象，并不是人们臆想的民族文化的特异性所致，而更多是出于普米族村寨之间经过常年通婚之后形成的复杂的亲属关系网络，几乎每一个人都可以从父系或者母系寻觅到与另一个人的亲情联系。在河西乡及其周边的普米族聚居区中，人们各自相熟，亲属体系是生活中极为重要的部分，大家不会冒险、也不愿行与此相悖之为。相对而言，拉玛人在偷矿行为的表现也从侧面验证了这一点，隔得远的拉玛人并不忌讳偷同族的矿，因为他们之间实际上无法直接追溯亲情关系。

相对于前述的"洞主","外围"则是一种更富代表性的代理人。"外围"是河西乡的矿业公司对其内部一些负责处理与矿区周边民众关系的雇员的称呼。这些雇员工资从 3000 元至 10000 元/月不等，以 30 岁至 40 岁的青壮年男性为主，且多为社长、村委会干部等。以一位做到某大型矿企兰坪分公司书记的"外围"杨氏的经历为例，他先在林矿公司工作数年，后调任三界任了 17 年村书记，前年从村书记任上退休后被正式聘做该公司书记。之前，他已兼任该公司书记 3 年。2015 年，该公司在兰坪某普米族聚居区上马一个大型矿山项目，同为普米族并常年在普米族聚居村任村书记的杨氏在那里有很多亲友。项目上马之初，他在当地奔忙不已，这是因为后勤和征地协商均要借助于他的亲属关系网络。

河西乡最大的矿业公司某负责人讲述了公司"外围"的产生过程。

前几年公司刚来这的时候，因为是国企，直接跟国家上税，很不想跟周边群众打交道，跟当地人的关系很紧张。后来，开始设置外围，负责与当地人协调关系。当地人思想很封闭，好像觉得这座山是他们的，矿就应该归他们。我们修的矿路，其实对他们也好，但我们的车出出进进，就有村民拦路要钱。他们少数民族就是爱喝酒嘛，喝了酒就开着车来矿上闹事，就是想要点钱。矿场附近占到林地、田地也需要跟当地村民协商，后来公司就找了和增昌，设置了外围部，专门处理闹事和林地、田地协商这些，杨书记也属于这类，我们和周边村民很少接触，如果有事，就让外围来处理。公司也开始在当地人中招工，经过这些年，形势已经很好了。当地的公司同事逢杀猪饭、结婚等会请我们过去吃饭，我结婚的时候也特意邀请了杨书记参加。

当地人见识少，很封闭，做事懒。钱少不愿来，但只能做没有什么技术的工作，重活路又不愿意做。这边一个加固工程包给当地人做，按说包工的话，我们一样事情不用管，但是划线、水泥配比这些还要我们来做。原计划工程3月份结束，但现在5月了，还有1个月才能完工。前段农忙的时候人全跑了，本来50多个小工，现在只剩10多个。单位里的工作主要是当地老员工推荐，好比是堆场主管是本地人，生产规模扩大时，他就打报告要求增员，公司批准后，他就可以推荐人选，公司复核通过就好。平时工人可以自己协调时间，好像三个人一个部门，其中一个放假回去，其他两个代班，只要不影响工作就可以。现在招工以当地人为先，这也算是分一些利益给他们，虽然他们工作得不好，但毕竟是在他们的地盘上打矿，经过外围这么长时间的努力，现在我们和周边关系已经相当好了。

从"自己带人来"到"能用本地人就用本地人"，从无法容忍本地人回家做农活到建立假期协调机制，从不愿意接触到外来员工与本地员工融洽相处，在这中间不乏代理人的斡旋。事实上，河西乡几个主要的矿业公司内几乎所有本地员工都来自所谓外围即代理人的推荐。这一点在当下私自采矿被禁后对本地民众更显其重要性。在2015年5月的调查中，笔者了解到麦地坡的许多年轻人在矿山重新找了工作，如保安、司机、渣土清理等。这些工作几乎都是其在公司内做"外围"的亲戚介绍而来。通过代理人这样的机制，外地公司避免了与本地居民产生正面冲突而受损，而本地居民也获得了与外地公司协商分享利益的合法机制。这种基于中国传统人情理念下的制度嵌入了现代企业制度中，却发挥着意想不到的稳定作用。

这些代理人因其工作通常都有较宽裕的经济条件，他们时常对村中孤寡老人和有应急需要的村民进行经济的帮助，在日常红白二事中也会出高于一般水平的随礼，这使得他们通常在村中或在族群内部拥有较高的地位，人们都不愿意失去这样一位慷慨大方且在紧急时候能帮自己一把的亲戚。麦地坡几位在开矿活动中收益颇丰的管洞人都向笔者提及借出的钱收不回的苦恼，他们均向亲戚朋友借出了几十万元的款项，用他们的话说，人家上门来借，只要开口了，就一定会给。他们往往热衷村中公共事务，在麦地坡修建白塔和财神庙等公共事件中发挥着重要作用。

同时，人情对村民的意义也会弱化他们对代理人某些事务处理方式不满的直接对抗。正如某位村民所言："群众对他们不爽，但是不会怎么样，不看僧面看佛面，亲戚关系太复杂，不买你的账也要买你家谁谁谁的账，有时候很难讲得清楚。"与公司的事件冲突中，利益纠葛往往是可计量的，而人情对村民而言是无法计量的长远利益。这里涉及经济人类学所言之经济行为的"非理性因素"。通常而言，拥有稳定且富有凝聚力的社会关系网络对农民而言至关重要。矿山关停后，收入大减的村民最为头痛的就是人情往来的高额支出。但他们又表示："人情世故嘛，想千方百计也要参加"，"人情这个也是必须要弄，不然以后你有事了人家也不会来。我们普米族，如果家里困难，孩子上了大学，大家都会帮扶一些，有钱的那些会给一些，不会记账，但是心里面都记着的。以后你要我去帮忙，我就肯定会去"。代理人立足于传统的社会文化逻辑，充分利用现有的资源和社会关系网络，缓和着外来开发者与地方民众的之间的紧张关系，他们"富有说服力"的口才和地位为争端的解决提供了一条行之有效的途径。

第二节　利益的流动与社会阶层的分化

一　矿产开发中的社会分层

泰丁矿山 2008 年开采，该矿山主要出产铜银伴生矿，矿石品位①较高。由于开采规模大，外地资本力量介入频繁，影响尤深。矿区位于麦地坡后山与拉玛人②聚居村三岔河的交界处，两个社各占一半。初始，矿山仍由本地村民的小额投资为主，矿洞主要是平井，且进深较小。随着 2012 年国际铜价的剧增，外地客商的投资意愿增强，他们来到河西乡四处询问。麦地坡社村民抓住一切机会，引进了一批外地投资者，他们带来了进深更大、机械化程度更高的斜井和竖井，矿山的开发规模在短时间内迅速扩大。迅速扩大的矿山开采规模加剧了麦地坡村民在采矿过程中的职业分化与收入分化，笔者将以此矿山的开采情况为蓝本对麦地坡矿业开发过程中的职业与收入分层做具体描述。

开矿按其主体主要分为三种形式，村民个体私采、外地投资者个体私采、公司注册矿权开采，根据麦地坡社的实际景况，我们着重讨论前两种形式。围绕矿山私采形成了一条漫长的产业链。矿石私采涉及的相关职业有投资、挖矿、管矿洞、守矿洞、个体开矿者、矿洞支撑木的售卖者等。与矿石直接相关的则包括装矿、驮矿、上矿、拉矿、选矿、捡废矿、偷矿等。

---

① 矿石品位指单位体积或单位重量矿石中有用成分或有用矿物的含量，常以单位重量百分比或克/吨来表示。
② 白族的一个支系，主要分布于兰坪县。

表4   泰丁矿山职业分类表

关于开矿	矿石
投资人	装矿
矿工	驮矿
管洞子	上矿
卖响木	拉矿
私卖炸药	选矿
个体打矿	捡废矿
地质队卖资料	偷矿
挖矿器材	林矿公司查矿
炸停矿洞	守洞人
出租林地	出租堆矿地

　　靠近麦地坡的公路边有一间房子是河西乡林矿公司的检查站，在河西乡开采的矿石都要从此处路过并接受上磅称量，再按照矿石品位高低来计算应该缴纳的提留款和税款。在矿山的开发过程中，林矿公司一直是一个十分重要的角色。该公司是河西乡1993年组建的乡级集体企业，现任经理是麦地坡人，他为我描述了公司收入的构成和变化。

　　以前收入还是可以的，2003—2006年和2012年收入最好，因为2003—2006年，合法、不合法的都在这里上税，选厂没有规范时，也是由公司代扣税，但是规范后，它们自己直接上税给国家，只是给政府交一些资源补偿费。2012年是河西的锶矿大开发，那些年锶矿价格高。公司收入因市场变化而变化。大概年均有200来万元，其他时候从几十万元到一百多万元不等。

我们主要是从矿产品中收税和费，其中按照矿的品位和市场价，收 6% 的国税，上交国库。然后按几个项目如印花税、资源补偿费、提留款之类的收地税，上交地方财政。那时候公司的收入上交给乡里，乡里留一份钱，村里留一份钱，社里也可以拿一些钱，可以用这些钱做一些公益事业了嘛，现在一样没有了。

彼时乡政府依托林矿公司，收入相当可观。并且一些收入如提留款采取了乡村社三级分配体系，乡一级占 50%，村级占 30%，社级占 20%，村级组织也有不菲的进项。通常提留款每吨 10 元，资源补偿费按品位算，每吨从 40 元到 100 元不等。按照笔者的估计，矿山私采被禁前河西乡的矿石产量每月不低于 10 万吨，在大开采年份乃至更甚。乡内一家企业在 2012 年的一份年报中，按其年产量 3 万吨共生矿测算其产生的社会效益：驮马费 120 万元，本地拖拉机运费 75 万元，上车费 24 万元，乡、村资源管理费 105 万元，国地税 250 万元，纯利润 240 万元，本地用工年工资收入 70 万元。可以看到，分流到村民手中的工资收入以及到基层政府手中的费和税等均十分可观。在开矿的数年间，河西乡许多村庄的基础设施有了较大的改善，其中以麦地坡所在的三界村为著，辖区内每个社都通了弹石路或水泥公路，社内道路修建完善，人畜饮水问题也基本解决。

从 20 世纪 90 年代之后，中国乡镇政府的预算收入被逐渐紧缩，向上集权。从 2003 年税费改革到 2006 年农业税全面取消，基层财政转向依赖中央财政的转移支付，这在西部贫困地区尤甚。有关研究表明，转移支付往往无法满足基层政府的日常需要，这使得许多具体工作的开展颇受掣肘，他们转向发展预算外收入和借债①。由此来看，河西乡政府可以说是矿山私采的直接受益者，因为私采带来的巨大的预算外收入使其获得了极大的财务自由。

再看麦地坡村民，在这场矿业开发过程中，他们几乎全村总动员，男女老少皆从中获得了适宜的增收渠道。青壮年男性多做管洞子，他们以占10%—15%的干股为条件，为外地客商提供"开矿许可"、"庇护"并处理矿上杂事，同时按月领取工资，3000—5000元/月不等。投资客以外省人为主，即村民口中常说的"外地老板"。他们带来了新的开矿方式——钻探竖井。招募了一批来自湖南、四川等地的外省矿工，钻探了从100米到600米进深不等的矿井。

一个矿洞不少于20个的矿工需要各类生活物资，如饮食和烟酒等。这些均由村民用骡马驮到位于山顶的矿区，一般管洞人会自己带领家人买骡马驮运自己所管矿洞的物资，人手不够的时候，也通常在家号内部将活分配给亲戚，这是一笔不菲的收入。当时一般市价驮1桶水10元，1匹骡子一次可驮4桶，一个普通规模的矿洞一天需要15—20桶水，而通常驮水者不只供应1家，以供应3—4家的为多。算下来驮水者平均每天有300—400元的收入，刨去骡子干重活需要每匹10元/天的营养饲料补充，再撇掉因为天气、出矿等原因导致的波动，收入平均稳定在6000元/月。骡子多的还会请小工，村中一户人家前后添置了9匹骡子，雇了2个小工，每个小工包吃住并付给2400元/月的工资，收入丰厚程度可见一斑。

妇女和中老年男性一般从事装矿、上矿等，装矿即在矿山上将开采出来的矿石装进袋子中，便于骡马队驮运。上矿就是在山下的

---

① 周飞舟：《从汲取型政权到"悬浮型"政权——税费改革对国家与农民关系之影响》，《社会学研究》2006年第3期，第1—38页。

路边堆矿场，将骡马队运下的成袋矿石上到货车里。这种活不太稳定，一般需要矿石堆积到一定程度才有用工需求，村民们随时保持消息灵通，一有消息便立马前往。早先，装矿和上矿的收入约为10元/吨，后来提到15元/吨，连续上1吨要半个小时，能赚20—100元/天。这是村中女人或劳动能力较差的男性在农活之余补充收入的办法。装完矿后开车运出的一般也是村中年轻男性，从村中拉矿到兰坪县八十一镇的冶炼厂，一趟可以赚1000元。

在温泉矿山或果娘矿山的开采或在外地打工积累一些经验和资金的人，常会选择自己去打矿，这在引进外地老板前是泰丁矿山的普遍现象。用他们的话说，这样打，投入小，但通常收益也不会很大，且有风险。相对而言，引入老板投资是一件几乎一本万利的事情，只需要在本村熟人中谈好洞口土地的出售费用，后面亏了在老板，而赚了则有分红。因而，麦地坡人在那一段时间十分热衷去结识外地人，获得可能的投资机会。村干部作为一个地方的代表，常常成为外地老板寻找的第一合作对象，彼时，竞选村干部的竞争十分激烈。

此外如出租林地给挖洞、出租院子堆矿都能获得不菲的收入，当时一个洞口，市价从1万元至2万元不等①。村中在路边位置合适的几户人家还会将家中院子出租堆矿，可得租金100元/天。此外，从自己林地中砍伐售卖木头给矿山撑矿洞或者建板房也是十分重要的收入，市价15—20元/棵，一个人一般1天能拉3趟，1趟18棵，便有200—300元的收入，矿业开发高潮的一两年间，每户人家从中获利5万—10万元不等。一些老人家会在矿区兜售蔬菜腊肉，往往也有几十元的收入。

---

① 若卖给本村人自己开矿，价格则要便宜得多，3000—5000元不等。但若是本村人引进老板来买，则仍维持市价。

　　驮矿的主力军是联合村的冲坡社，该村傈僳族聚居，所拥骡马甚多。当地村民从事矿山运输已经很多年，本社附近没有矿，他们便成群到附近有矿的村子乃至是周边乡镇找运输的活计。由于驮矿相对驮水并不划算且需要照料许多骡马，因而麦地坡村民很少做。在泰丁矿山开发巅峰的两年间，冲坡的骡马队承担了主要的矿石运输任务。据估算，其有四五百匹骡马在泰丁矿山上下驮运。这样的活很辛苦，早上 3 点起床，从冲坡出发走 1—2 个小时的老路才到矿山，一直干到晚上回去。一般每匹骡子驮 150 公斤/趟，工价 80元/吨。马帮中午留在麦地坡休息吃饭，使得村中小卖部生意大好，村中原来有 3 家小卖部，村民还在矿山上开了 2 家，一家位置较好的小卖部店主说生意好的时候，光卖方便面、饮料、烟酒这些每天就有 1000 元左右的营业额，如今，由于没有客源，5 家小卖部只剩 1 家且已濒临倒闭。

　　在这一场盛宴中，麦地坡几乎人人都享受到了利益，但因个人所从事职业不同产生了显著的收入分化。村中一位年轻人为笔者做了一个他眼中当前村中的阶层排名，这个名单中出现的人几乎都在矿山上自己也开过矿并且做过"管洞子"。在矿山，收入层次顶部的一批人莫过于有能力引进外地老板投资开矿或选厂等，自己既可以有固定工资又享受干股分红。以排在首位的鹿庆勇为例，人称百万富翁，财富积累大部分源于其所管的矿洞出了矿，老板赚到了钱，便按照 10%—15% 的比例予以分红，获利匪浅。他的弟弟鹿庆松，同样被称作百万富翁，2013 年年末其所管矿洞的投资老板前去县城结总账，一并结了 3000 多万元，之后按比例分给他接近 400万元。不过由于 2013 年后，泰丁矿山老板大部分纷纷外撤，很多管洞人开始自出资金在原矿洞继续打矿。最后亏了不少钱，鹿庆松也在其列。加上其有赌博的习惯，因而积蓄渐少，在排名中便较之前靠后了。同样如此遭遇的还有鹿顺庭等若干年轻人,在2014年自负盈亏去打矿的过程中元气大损,而在此之前,他们均"风光过一阵",是村民在矿山上收入的佼佼者。

做"管洞子"的一般为25—40岁之间的青壮年男性,他们大都在外地打过工,交际能力尤其是与外地人的沟通能力较强。同时,他们在泰丁矿山之前多在其他矿山开过矿或矿业企业供职,对矿洞的日常经营较为了解。此外,他们多交际圈较广,且在地方上属于精明强悍之辈,能及时"摆平"矿洞与地方上的矛盾或冲突。在村中,关于开矿,他们最有发言权。传统农牧社会中的老人权威被严重削减。关于矿的事情,老人和女人都几乎插不上嘴,中青年男性的家庭地位因矿山私采得到进一步的强化。

开车运矿是年轻男性的活计。由于兰坪开矿久来有之,小伙子辍学后,家长送其去学开货车较为常见。这一职业在高峰时期收入颇高,且加上司机扣拿矿石等灰色收入,实际收入很高。然而,笔者甚少听到有人因此积累大量财富的故事。基于当时本地年轻人圈子的整体消费环境,这些收入大部分都转化为个人享乐。

驮水和驮生活物资是麦地坡村民较多涉及的活计,这是一门辛苦但在时效投入和收入上性价比很高的职业。据笔者粗略估计,参与这一行当的家庭占到麦地坡在村人家的60%以上。可以说,绝大多数没有能够引进老板或者自己打到矿的人家,从这一活计中收益最大。这使得他们往往需要依附管洞子的同族亲戚,以期获得稳定的"订单"。当然,精明能干者也会时时上山寻找机会,抑或要求在自家林地中打矿的人必须让他家负责本矿洞水和生活物资的驮运。由于参与驮水者多是中年男女,他们多会将钱投入房屋改造、子女教育等领域。因而,村中近些年的大规模新房建设,多源于这一年龄段人口对此职业的专营。

从事装矿与上矿的则多为中年女性与老年男性。装矿比较轻松、上矿较累但也多为间断性。由此二种职业带来的收入一般不甚稳定，人们都是闻讯而来，没有固定的长期协议。像是村中一位中年妇女所言："要是稍不留意，就没有你的活了，或者叫了你一次你没去，下次人家就不叫你了。"这一活计并不能带来很多收入，且常常会挤占妇女老人的休息时间。但由于这笔钱来得零碎且数额较小，且多由妇女赚取，通常会被直接用于改善家庭生活。诸多生活习惯的养成如吃零食喝饮料等与此不无关系。

综上，因矿山私采直接产生的职业已然非常多，遑论因间接消费带动的各类职业。在村中，具有典型意义的三种职业分层基本具备相应的年龄和性别分化特点。可以看到，职业分层带来的收入分层十分显著，高收入职业与低收入职业的收益差距非常大。在这样一场职业分化的过程中，较少受个人学历、过往经济能力、家庭人口等传统乡村经济因素的影响。而更倾向于与外界的沟通能力、学习能力以及个人的交际和处事能力。一批曾经默默无闻的年轻人在这一场盛宴中崛起，成为村中的"新贵"。村庄的旧有经济分层秩序被完全打破，在崇尚声望的乡村社区，这成为近些年"跟风式"建房、水涨船高的随礼以及一些生活方式改变的基本原因之一。

二 矿产开发与乡村劳动力流动

矿产开发由于能够创造大量岗位并引发多种消费行为，因而在一定程度上带动了区域内的劳动力流动。实质上，乡村劳动力流动是一个本就存在的现实，而矿产开发仅仅是增加了其规模和流动速度。总而言之，在河西乡，由矿产开发带动的乡村劳动力流动主要分为直接由矿山岗位需求所带动的和因矿山开发引发的消费行为所带动用工需求的两种情况。

由矿山岗位需求所带动的劳动力流动一个典型的例子便是前述的冲坡驮矿骡马队，冲坡人几乎全村出动，这种小区域内短距离大规模劳动力流动便是因矿业开发而直接导致的。除此之外，在矿山上占绝对人数优势的矿工则几乎被外地民工所垄断，以云南昭通、四川及湖南的农民工居多。他们有的是由投资老板自己带过来的团队，有的是洞主通过位于通甸镇的一个"人力市场"寻找合适的"包工头"，由"包工头"召集而来。据村民说民工包吃住，月薪四五千元。矿洞工人白天一组，晚上一组，轮转打矿。这份工作风险较大，在泰丁矿山开采数年间已经有过不少于 1 起的死亡事故。由于矿洞开挖没有规则，各矿主之间缺乏协调，因而挖到很深的地方碰头的事情常有，有的工人会因此被其他洞的炸药误伤。同时由于排气和机械操作的问题，被机器误伤以及被毒气毒死均有可能。更有甚者，有的老板因为一直打不到矿，亏损很大，甚至会不结工资便临时跑路。

这些工人是矿山上的底层劳动者，他们称呼"管洞子"的本地村民为"某总"，称呼投资老板为"某总"。他们来自五湖四海，但和本地村民相处融洽。关于他们生活习惯的趣闻，总被麦地坡村民提及，比如湖南人特爱吃辣，福建人早上要喝粥等。他们的权益很多时候无法得到保障，据说四川一个 58 岁的老头，下井挖矿。推车出井的时候，被车的把手卡到脖子，工友们看到的时候已经死了。河西乡政府联系他在四川的家属，都不在，联系他在河西的"老相好"，那家不承认，不来接。老板事发后就已经跑路，最后是乡政府出钱安葬，前后花费约 8 万元。

民工的到来带来了丰富的生活需求，麦地坡村民最为仰赖的收入方式即驮水驮生活物资等便是由此而来。同时，因为和长期和外地人的接触，本地村民的对外交流能力如说普通话、对其他省市的情况的了解程度等均有增强。甚至，有的村民还会因此结成夫妻。在麦地坡，有3个上门女婿，分别来自云南昭通、四川、贵州，年龄均在40岁以上，均是20世纪90年代左右来三界地区矿山打工，与村中的年轻女性在矿山结识。

因矿山开发引发的消费行为所带动的乡村劳动力流动集中发生在打矿赚到钱的麦地坡村民的消费行为。首先，是农业上的劳力流动。在河西乡，由于海拔高差较大，且村庄从河谷地带至山顶均有分布，因而各个村庄农作物的种植时间差异颇大。例如仅就玉米下种而言，几个主要的普米族聚居村的作业时间区间如表5所示：

表5　　　　　　　麦地坡周边部分村落玉米种植时间分布表

河西乡胜兴村	4月初—4月中
河西乡三界村	4月中—4月末
河西乡河西村	4月下—4月末
通甸镇德胜村	3月中—4月初
河西乡箐花村	4月初

其他重要的诸如农耕、收获等作业节点均不统一，因而，邻近几个村庄的农忙时间来回可岔开1个至2个星期，这便为小区域内的劳动力流动提供了基础。2015年5月初，正逢麦地坡玉米下种的时节，一家人由于正在建新房，无暇顾及农事。便请了几位冲坡人来帮忙做活，70元/工，一天便做完了。据说由于矿山被封，没有活计，冲坡人把大部分骡子都卖掉了，许多人外出打工。麦地坡人由于之前矿山开采和他们多有联系，故而常有人家请其来做短工。玉米下种之前，田地需要翻耕，麦地坡的梯田多选择使用拖拉

机，较牛耕更快。村民主要请东至岩社的一位村民，一个人工工时费为200元/工（包午饭和烟），自带拖拉机则是300元/工。矿山被封后，2015年开始村中的一户人家也买了拖拉机并学习使用，承接村民的活，并且要价稍低，以期能多接活。

类似这样的请工做活在麦地坡很常见，事实上，2014年7月矿山被封前，来到麦地坡打工的外村村民数量与矿山开发热度成正比。他们被雇来收割麦地坡村民因打矿而无暇顾及的庄稼或照看驮重物上矿山的牲口或为赚了钱的村民建新房。工价从2010年的60元/工涨到了2013年的100元/工。在2008年之前，麦地坡仅有不超过5户人家有砖瓦房，这个数量在2015年变为了36户，每栋砖瓦房的造价在12万元—15万元之间。来修建房屋的工匠既有周边村庄也有通甸镇乃至大理剑川的。矿业开发的利益引发乡村劳动力的频繁流动，这将利益由富矿村分流至周边其他村落。

2010年开始，由于矿业开发的热潮，河西乡林矿公司检查站的区位优势凸显出来。围绕其周边建起了很多娱乐设施，饭店、旅馆、歌舞厅、台球室等，非常热闹。在此开店的均为本乡人，嗅到商机便用自家田地或来此买地建房。类似于林矿公司检查站，河西乡以及兰坪县城的服务业、零售业等均得到机会迅速扩张。各个商家的工作人员也多为本地人，年轻人不用出乡便能够很轻易地找到待遇尚可的工作。甚至外地人也多有来本地开店淘金。

第三节　投资、消费与社会转型

一　日常消费及娱乐变迁

在麦地坡，厕所的出现是最近一些年的事情。一位67岁的老奶奶这样说：

> 厕所是集体时期才有，当时工作队下来，要检查房屋屋前屋后的卫生，就临时弄了一个，但是很久没有人用，急了就跑到外面到处去上。直到最近几年，开矿了，大家有钱了，厕所才多起来，村里现在还有没有厕所的人家，急了就到处去上。

厕所一般是与新的砖瓦房一并出现的，在 2008 年之前，麦地坡仅有不超过 5 户人家有砖瓦房，这个数量在 2015 年变为了 36 户。每栋砖瓦房的造价在 12 万元—15 万元之间。工价从 2010 年的 60 元/工涨到了 2013 年的 100 元/工。新的房屋中均会设置一间客厅，客厅里通常会选购一套一体式的家具和电视音响。

伴随着厕所和新房出现的还有村民们新的洁净观念。建造新房的人家只要预算够，一般都会加建一个洗澡房，即一个配套太阳能热水器的房间。2015 年 5 月，笔者在麦地坡见到约莫 1/4 的人家拥有洗澡房。淋浴已然成为年轻人的日常习惯，老人们则不然。在与麦地坡相隔不远的另一个普米族村庄，由于交通较为闭塞，经济条件较差，村中只有两三家有太阳能且使用频次较低。在那里，淋浴远没有成为人们的日常需求，村中的妇女通常只有出门探亲或逢节庆时才会特意洗一次头。而在麦地坡，从农田干完活回家，洗一次淋浴已然是许多村民的常态。村民很以此为傲，他们称这个村的村民很爱干净，不像另外那些普米族村子不爱干净。

此外，麦地坡的村民还养成了其他新的生活习惯如喝饮料，他们酷爱喝饮料，尤其是农忙时节，中午送饭食去田间，一般必带饮料，如可乐、啤酒等。有时候也会带传统的普米黄酒，但是年轻男女多不喝，而是中老年较爱喝。据村民所说，饮料是近几年才刚刚兴起的，但很快受到了大家的欢迎。婚丧时节，亲朋来做客一般需要带伴手礼，饮料必不可少。集中在一个屋子里堆放着数十箱饮料，客人自己随意取喝。

买汽车最早是村民跑运输之需，年轻男性买小货车或农用运输车拉矿以贴补家用。后来，伴随着泰丁矿山的兴起，收入水涨船高的村民买车的越来越多。车逐渐成为身份象征和出行的必备工具，越野车和私家车的数量逐渐增多，几乎到了每户一辆的水平。传统的普米族婚礼是需要新郎骑高头大马，送亲队伍随行，一路敲锣打鼓，撒送喜糖，沿途村寨村民夹道欢迎，十分热闹。笔者于2015年在麦地坡参加了一次婚礼，几乎和城市婚礼无异，浩浩荡荡的车队直接开至新娘家中，载着新娘、娘家人和嫁妆回转麦地坡，只是在车中端坐两位喇叭师傅，沿途吹奏传统曲调。村民中很多人感慨十分怀念昔日的传统婚礼，好玩热闹。据他们回忆，最后一次参加这样的传统婚礼大约在2009年，之后的婚礼便由马队变为车队了。

婚宴也发生了变化。传统普米族婚礼中，来客会带给主家一个皮口袋，内装大米、谷子或黄豆任选一种和一只火腿，普米语谓之"杂市"，在婚礼前一天送。婚礼当天再象征性地随少许礼钱。近亲随礼则更为隆重，往往要赶一只羊或猪，带上烟、茶、上百斤大米、一坛普米黄酒、菜蔬等，帮助主家分担在婚礼的前后两天来客的餐食。传统的普米族婚宴，从酒到菜蔬均为自产，客人多以农产随礼，婚宴的用度几乎都是众人"拼凑"而成，主家和客人的货币支出很少。如今，以"杂市"随礼的习俗已不再有，均代之以现金。虽然客人一般会携饮料作为礼物，但婚宴用度绝大部分仍需购买。各色菜式发生了很大变化，过去"不用鸡、鱼，现在鸡、鱼、烤鸭都有"。而这些大多无法自产，均需在市场购买。

不仅婚礼的形式发生变化，人们随礼的金额也伴随着收入水涨船高。下面两幅图是麦地坡村一户人家分别于2009年1月9日的一次婚礼和2013年4月25日的一次竖柱仪式（新房框架落成庆典）中收到的礼金数额比例。在普米族的仪式庆典中，结婚和丧事最为重要，竖柱仪式略次之。而仅相隔4年，参与庆典的人均礼金数额增加了51%。在2009年的礼金中，我们看到有很多非整数礼金，如20元（1%）、30元（6%）、40元（3%）、60元（5%）、70元（0%）、80元（1%）、120元（1%）。这样一种富有技巧的随礼方式，通常出于手头不很宽裕或者与主家关系不是很亲近的客人。在乡村社会，礼金通常是有进有出，这一次随礼的数目常常取决于这户主家上次在自己家的同类别庆典中所随的礼金数，一般是略加一点。因而这些非整数的礼金一方面常常是在上次主家随给自己的礼金上略加一二，遵循旧例。另一方面会较一般的50元或100元略多，显示出对主家的重视，且无须花费过多代价。

礼金的数量并不是经济状况的即时反应，由于有进有出的习俗，使它具有一定的惯性和滞后性。今年庆典的礼金多寡常常取决于自己在去年乃至前几年参加的对方家庭同类庆典中所随的礼金数。当然，按例需略加一点，至于加多少，则常常取决于当时的经济状况。同时，礼金数量也不是个别家庭的经济状态，由于是在社区内普遍循环且具有一定对等性的资金，它常常能体现出一个社区的整体经济状况。在2013年的礼金中，我们很少再见到2009年礼单中占17%的非整数礼金，取而代之的是100元、200元的比例大幅度增加，达到了73%，同时，500—600元的比例也上升至6%。

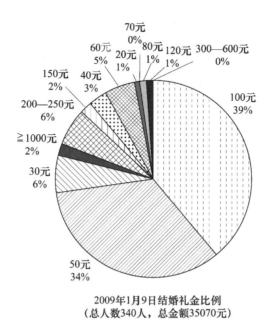

2009年1月9日结婚礼金比例
（总人数340人，总金额35070元）

图16 2009 年 1 月 9 日一户人家婚礼中的礼金金额比例分布图

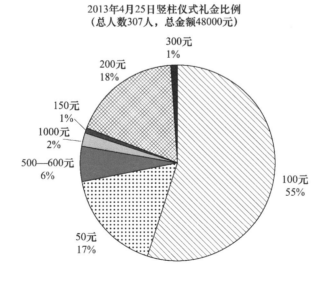

图17 2013 年 4 月 25 日一户人家竖柱仪式中的礼金金额比例分布图

麦地坡的另一户人家在 2013 年 10 月 20 日举行的婚礼中，人均礼金数额更是达到了 187 元，100 元及以上金额的比例高达 88%，占绝大多数，而在 4 年前的另外一场婚礼中仅占一半。

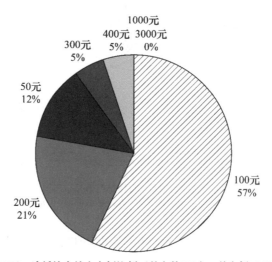

2013年10月20日一次婚礼中礼金金额比例（总人数398人，总金额74480元）额数

图 18　2013 年 10 月 20 日一户人家婚礼中的礼金金额比例分布图

由此可以一窥 2009—2013 年麦地坡村民普遍的随礼金额有了普遍范围的大幅度提升，事实上这四年正是麦地坡泰丁铜矿山大规模开发的时节。手头宽裕后，按例需加的部分逐渐增加，同时，近亲也会自然地将礼金数额增加。新婚家庭刚刚加入这个循环网，被随礼和随礼的金额均较少受历史限制，而常被当时的收入状况所影响。如今，之前数年积累下的高额礼金状况伴随着这一习俗特有的惯性依然持续下去，并成为停矿后麦地坡村民最大的经济负担之一。在村中，谈及消费支出，几乎所有的村民均会抱怨人情往来的消费太高以至于难以承受，甚至有几户人家通过借钱维持运转。

2011 年至 2013 年泰丁矿山发展鼎盛的时期，赚到钱的年轻人会买数十万元的越野车显示自身实力。但很多后来因为矿山亏损卖掉了，有村民说："买得起车养不起车的人很多。"也正是这段时间，赌博的风气在村中流行开来，村民们戏谑地形容摇骰子的后果："摇一摇，摩托变单车，摇一摇，单车变滑轮车。"与之形成鲜明对比的是，麦地坡通车通电还不到三十年，村中的中年人大多数都见证了这样的变化："水磨房下面那条公路是七几年才通车，通车那天，老人都拄着拐棍下去看车，一辈子都没有见过车，县领导开着吉普车下来。麦地坡 1994 年才通电，村里用伐木的钱拉的电线，周围村都是用木柱子，我们一次性竖起了水泥柱子。鹿经理家最早有电视，也是通电之后的事情了。"而从村下的水磨房公路延伸至麦地坡的支线道路（约 5 公里）直到2009 年才贯通，在此之前，许多大件货物如房屋材料等均需马帮运输进村。

当下，玩 KTV、住宾馆成为年轻人新的消遣方式，村中许多年轻人都可以将兰坪县乃至怒江州、丽江市等地的著名 KTV 场所名称倒背如流。一些高级 KTV 或娱乐会所一个晚上的消费能达到上万元，他们成群结队，前去消遣，过着全然不同于长辈昔日的夜生活。玩完 KTV，就近住宾馆，河西乡从 2009 年以来，宾馆数量剧增，一部分是为了满足外地客商，一部分则是适应出来娱乐的年轻人的需求。三界一位老书记谈及他有一次将一拨村里年轻人从宾馆轰出去的经历："我有次就去宾馆了把住的人全都赶出来了，教育他们，家里老婆孩子过着什么生活，自己在这里配不配花这个钱。振鹏宾馆老板对我说'大哥，你这样我没法做生意啊'。我就说'他们的钱，一大家子人都还等着用呢'。"随后，他补充道："当时整个河西街子上都是三界的人，吃烧烤喝酒住宾馆。这些年，街上搞服务业的这些都发财了，开矿苦的钱都花到这里去了。"

矿山鼎盛的时期，村民们热衷逛街。上街的频次较之现在大为频繁，这使得村中几家拉客去河西街上的农村客运车生意很好。到了停矿以后，村民们对到河西的 10 元车费也开始精打细算起来，算好需要，上街一次性采购足够的用品。2015 年 5 月，几个客运司机对笔者抱怨说："现在上街的少，微型车拉车的都难拉人，村里几辆拉客的微型车也闲起。"

这些新的消费习惯和娱乐方式，促进了零售业和服务业的爆发式发展，使得河西乡一度十分热闹，村民言之现在街道比过去大为冷清之语便不足为奇。这也使兰坪县的相关产业繁荣一时，乃至周边州县均有获利。许多村民是靠近兰坪县几个旅游城市的常客。在邻近某县，对着兰坪县方向的路口专设了一个赌场，生意兴隆。甚至有村民组团前往澳门，为其博彩业贡献不小。

二　新宅与旧宅

现今，麦地坡的房屋数量几乎是十年前的两倍，因为基本上每户都加盖了一座水泥砖墙的新屋。普米族的传统住屋是由整段松木通过拼接镶嵌堆砌而成，被称为木楞房，传统的木楞房形制如图 19 所示：

由五个部分组成一个四合院，上方为正房，普米语为"正代"；左右两侧为厢房，普米语为"泼罗"；下方牲口圈，普米语为"瓮"；中间平整的空地为院坝，普米语为"容迪"。[①] 牲口圈的底层用来关猪牛羊等牲口，二楼多存放粮食和草料。左右厢房用作厨

---

① 朱凌飞、胡仕海：《木楞房里的社会文化空间》，李志农主编：《全球化背景下的云南文化多样性》，云南人民出版社 2010 年版，第 448—454 页。

图 19　麦地坡的传统院落

资料来源：朱凌飞、胡仕海：《木楞房里的社会文化空间》，《全球化背景下的云南文化多样性》，2010 年版。

房和杂物间。正房住人。正房分为上下各三间，底层左侧房间用来存放粮食和酿酒，中间是未婚子女的住房，右侧为火塘房，老人一般住在这里，此外家里的许多重要活动也是在火塘边进行。楼上左右各一间客房，如果子女人数多，也可住在这里。中间隔间不设门墙，向前通风，设有祖先牌位，腊肉也多挂于此。今日在麦地坡，仍处处可见这样传统样式的普米族住屋，如图 20 所示：

当然，在麦地坡，并不是所有的传统房屋都是标准形制的木楞房，有一些土夯房，这是为过去较为富裕的人家所有，据说还取自白族三房一照壁的格局。土夯房的墙壁约有半米厚，十分厚实，它的建造会耗费大量的人力，但居住十分舒适。厚实的墙壁挡住了雨水和寒热空气，屋内冬暖夏凉。过去，村中还有一些木板房，它是用木板替代整根的木柱作为墙壁，节省了挑选、砍伐、运输木材的费用，搭造也更为简易，面积较小。木板房由于墙体较薄，难以抵御寒热，只作为过渡性住房，如给刚分家的儿子。人们经过一段时间的努力，便力图建造新的木楞房或土夯房取而代之。

图 20　麦地坡一户人家的传统木楞房

综上，我们看到在麦地坡有三种类型的传统住房，即木楞房、土夯房、木板房，它们的居住舒适度和建造成本依次递减。但总体格局基本不变，功能分布也大同小异。对麦地坡人来说，火塘是十分重要的场所。如图 21 所示：

图 21　传统普米族火塘的形制图

资料来源：朱凌飞、胡仕海：《木楞房里的社会文化空间》，李志农主编：《全球化背景下的云南文化多样性》，云南人民出版社 2010 年版。

火塘的中间是被普米族人视为具有神圣地位的三脚架，三面围起床铺。"左边床铺为爷爷（家中男性长者）所用，右边床铺为奶奶（家中女性长者）所用。火塘上方床铺严禁妇女坐、卧，通常情况下，家中儿媳或女儿、孙女只能站在火塘下面做饭做菜、为老人端茶送水。家中若有客人来访，都要迎上火塘就座，但女客只能坐在左右床铺的外侧"①。在传统的普米语中，有客人来到家中，热情的主人多会说"贵多目楞"，意为"火塘边坐"。火塘作为一个家庭祭祀和社交的中心，展现着传统普米族家庭的权力关系和社会价值标准。

现在，一个新的词汇正逐步出现在麦地坡人的生活实践和口头语言中，那就是"客厅"。从2008年泰丁矿山开发以来，赚到钱的麦地坡人纷纷建起了新房，这项运动波及全村，各家或早或晚，极少例外。这项新的造房运动将早先的三等房屋分层现象打破，人们纷纷建起了极为相似的砖房，但因投资金额不一，个中差别也十分明显。

新的砖房结构大异于从前，以一个标准形制的二层楼房为例，上面三间为子女住房和客房。底层的左侧为主人卧室，中间为客厅，右侧为杂货间或卧室。有些人家没有经济能力负担楼房，则仅修筑一个两居室的瓦房。一间是子女卧室，另一间是客厅。老人们多住在传统木楞房的火塘边，年轻人包括子女和孙辈，多居住在新房。客人来到家中，常常请入客厅，而不再单是火塘。人们的消遣方式常常是客厅中看电视，而不再是火塘边唱歌。

作为一个权力空间，曾经的火塘和今日的客厅是一座住屋的核心部分。对内，它时刻上演着家庭权力、情感的交融与冲突。对

---

① 朱凌飞、胡仕海：《木楞房里的社会文化空间》，李志农主编：《全球化背景下的云南文化多样性》，云南人民出版社2010年版，第448—454页。

外，它是展示与象征的平台，具有显著的符号意义。普米语中，没有对应客厅的词，当地汉语方言里面叫堂屋，在民族语言里说起时便是用汉语替代。普米语中与之比较类似的是"文杜"，意思是"三脚边上"，来客人就往这里请。还有"海里布"，意为"三脚上的台子"，普米族传统礼仪中这里是媳妇不能上的。

图22　麦地坡一户人家的新式砖木结构房

　　传统的普米族住屋，火塘和三脚是家庭生活及成员交流的中心地点，每天晚饭后，家庭成员都会集中于此，闲聊、烤火。在传统的普米族文化中，这是完全属于男性和长者的空间，老人（包括女性）坐于"海里布"正中的位置，其他男性则坐于两侧。无论是嫁进来的媳妇还是家中的成年女性，只能坐在火塘外侧，并随时为大家服务，如照看塘火、烤洋芋、煮热水等。可想而知，发言权基本上掌握在男性和老人的手中。绝大多数时候，媳妇或年轻的女人们都忙前忙后，且极少发言。这是由于传统普米族家庭中的权力结构所决定的，一般老人尤其是男性长者是一家之主，当他无力掌管家庭内外事务时，会将权力转给其大儿子。男人们承担照管牲畜、重体力农活、伐木建屋等重要事宜，因此在家中具有极高的权威。

然而，随着现代化进程的加快，女性通过工资为家庭创造较大的可见收益已是不争的事实。在麦地坡，2008—2014 年泰丁矿山的开矿活动中，女性发挥了极大的作用。她们不仅从事驮水上山、装矿、上矿、为矿工煮饭等可以直接获得现金的职业，而且在男人们打矿的时候，承担了家庭的绝大多数运作和管理工作。可以说，矿山开发最盛的几年，也是女人们最为辛劳的几年。她们内外兼管，付出了极大的努力，而女性的地位也获得了很大提升。火塘依然是家庭活动最重要的场所之一，女性依然坐在火塘的边沿，但她们在客厅寻找到了新的生活空间。麦地坡一个中年妇女如此描述自己建客厅的动机："火塘是老人坐，小的坐不下，火塘就那几个座位，媳妇不给坐，或者只能坐在边上，我们在这个客厅里看看电视，想做什么做什么了嘛。平时外面客人来，也可以请进这边来坐。"

客厅多是年轻夫妇一手兴建，家具和装修也常常依据媳妇们的想法而定。这里的中间位置不再是老人，而是电视。电视播放着年轻人喜闻乐见的节目，而这些又常常是老人所不熟悉的。遥控器基本上被年轻女性或她们的孩子所把握，老人们在此处几乎无用武之地，他们很多连遥控器如何用也不知道。传统的礼俗并没有被破坏，老人依然是火塘上尊贵的存在，但年轻女性显然找到了一个平衡点，即新的空间。造价不菲①的客厅是一个很好的选择。

---

① 客厅里一般会装组合柜，它们跟城市里的一样。一般当地从商店购买的中等品质的柜子，需要人民币 7000 元左右，请木工打造，因为可以通过审批省下木料费，也需 3000 元以上。

　　在麦地坡的一个晚上，笔者照例去老乡家中聊天。在一个传统的木楞房院落里，一对老年夫妇热情地接待我们，但言谈之中充满歉意。他们边邀我去火塘边说："不要嫌脏，我们是'不随伴'了。"笔者对"不随伴"这个词发出疑问，他们解释道："意思就是人家都是白生生的新房子，就我家是黑黢黢的老木楞房，就是我们家'不随伴'了，跟人家不一样了嘛。"老乡的歉意让我坐立不安，当也让我意识到，邀请外地的客人坐在传统的火塘上，并伴随周边被常年烟熏成黑色的木头墙，这一切，似乎是能力不足以致跟不上潮流的羞耻行为。这一户人家因为两位主人都年纪较大，孩子们都在外地工作，没有能力参与开矿的活动，家中的物件和屋舍呈现出老旧的模样。

　　老屋内外整体环境呈现出黑色的基调。它是因为火塘终年燃烧的炭火产生的烟熏烤而成。火塘房里几乎每一个物件都是黑色，三脚自不必说，其他诸如烧水的水壶、墙壁、碗橱、"海里布"上铺的垫布都是黑的。这些使物体呈现黑色的烟灰实质上在保护着木楞房的主要材料——木头。在普米族老人看来，熏得又黑又亮的木头是福气的象征，这样的房子不会遭虫蛀，也不易因四溅的火星而燃烧。然而，黑色似乎渐渐成为人们鄙弃的色彩。在另一户准备兴建新房的人家，在外读大学的女儿认为父母不必花费如此大的精力建造新房。母亲这样回应："人家的房子都是白生生的，好看，就我们家的是黑黢黢的老房子，你带朋友来家里也不好在的嘛。"一转头，这位母亲又对笔者说道："砖房相当于是一种潮流，以后我儿子没本事回来了，留给砖房一座，不会怪父母没本事，只给留下木楞房一个。"

　　与外界日益频繁的交流，让麦地坡的普米人对现代生活产生了自然的向往。向往之情的产生并不是一个简单的因致过程，个中有着复杂的联动关系，牵涉到麦地坡人生活的方方面面。客厅作为一个家庭对外的窗口，维系着主人在外地客人面前的尊严。在矿业开发的数年时光，很多家庭都与外界发生了较强的联系。被"引进"的外地老板通常与管理他们矿洞的麦地坡人保持着较为亲密的关系，他们常会到家中做客，客厅在麦地坡人看来显然是一个较好的接待场所。收看电视节目的需要也是客厅形成的动因之一。电视所传达的现代生活理念正逐渐被年轻的普米人逐步认同，并在其外出打工及其他与外界接触的过程中被进一步强化。

然而，多数人家选择在建造新房的同时仍旧保留原来的老屋，尤其是正房。因为木楞房的墙壁是用木柱垒叠而成，拆装十分方便。在老屋的好地基建起新房后，新房与旧房互为犄角，合围在院坝的周围，形成了家屋的新格局。这样格局的家户通常都有老人，拆建完成后，老人住在旧屋，年轻人住在新屋。老人家常说，水泥房子住不了，太冷，还不能烤火，他们更宁愿在老屋的火塘边睡。同时，老屋还是储存腊肉、黄酒、粮食的仓库，是晾晒绿肥等作物的场所，更摆放着重要庆典时要祭祀的三脚。可以说，老屋是当今麦地坡人与传统社会文化生活相勾连的空间。

在村中居住的普米人家，依然维持着部分传统生计和祭祀文化，老屋是此类传统生活方式的寄生场所。以新屋为代表的"现代"与以老屋为象征的"传统"在普米人的生活中表现出自然的共存。事实上，传统与现代的二元对立是当代发展主义的主要症结之一，其不合理处在于割裂了日常生活的连续性。回归生活本身，我们能够轻易地发现这样的共存正是发展的应有之义。正如叶敬忠所言："发展之外并非是对发展的否定，也就是说，'发展之外'并非要'不发展'……现代化的发展不会戛然而止，对现代化道路的反思也不会甘于寂寞，迎接我们的将是现代与传统的混杂文化，发展与发展之外的混杂模式。"①

三 教育投资与阶层流动

在麦地坡，决定阶层的因素总是复杂而多元的，而阶层流动的历史也十分曲折。前述中普米族历史上的名人多是通过建立军功或考学登上村庄中的阶层顶端，而在其背后的多为经济优渥的地主家庭做支撑。

很长一段时间，地主阶层是村中绝对的上层，并通过对族中子女的再投资，通常是教育，进一步巩固自身的优势地位，实现上层阶层的再生产。这种局面最终被解放战争打破，地主的土地被平分，房屋与贫下中农互相置换，连身份也成为升学、升迁等的障碍，而贫农身份地位上升。

从 1956 年起至 1980 年的集体时期，全国经济表现出的是朴素的平均主义，然而在这样的背景下依然有着微弱的经济差距。麦地坡经济优越的家庭多由于劳动力丰富，"当时每人有一个基本口粮，除掉基本口粮后，剩余的就按工分分钱，劳力多的工分多，就富裕，家里人都穿着的确良衣服，最好的那种挂起收音机"。彼时，经营与私有均被禁止，升学和当兵也十分困难，劳力几乎成为收入差异的唯一砝码。

改革开放之后，政策限制愈来愈少，通过考学和当兵转业成为城里人的村民不在少数，他们被视为"有本事的人"。其中少数人甚至成为行业内的佼佼者，为家人所自豪。发挥经营头脑做生意的一些村民也逐渐走向阶层上端，村中一位在林矿公司任经理的村民家中最早拥有了电视机，一位经营缅甸木材进出口的村民已在上海

---

① 叶敬忠：《发展、另一种发展与发展之外》，《中国农业大学学报》（社会科学版）2010 年第 1 期，第 5—8 页。

定居。而对于麦地坡人来说，矿业的影响总无法规避。1985年开始，便有村民前往凤凰山打工，后三界村锶矿和麦地坡铅锌矿开采后，也陆续有村民在此间着力，借此发财者几乎没有。直至果娘矿山和麦地坡泰丁矿山开采后，制造了相当一批富裕家庭。

然而，矿山私采不仅受政策管制，同时还受矿山资源储量限制。仅就三界村而言，从麦地坡的温泉矿山到大三界的锶矿山，再到东至岩的果娘矿山，均是由于资源枯竭而遭弃。在大的政策格局内，矿山私采的范围在不断缩小，可开采点不断转移。在小区域内，矿山因储量枯竭导致人员和资本也在不断转移。因而，仅就矿山私采的历史和格局看，其所具有的"临时性"特征十分显著。身处其中的人们都存有这样的顾虑：不知哪一天，这里便会由于政策压力或储量枯竭而被迫停工。

可以说，矿山私采实质上是一种偶然性与临时性并存的行业，对于直接投资开采的村民而言更是如此。在泰丁矿山开采之前，很少有村民能够在自己出资开采的情况下获得大额回报，因为采不到矿的风险与采到矿的暴利在某种程度上对冲，得到的是一笔通常仅略高于本地工资的收入。在泰丁矿山开采期间，人们通过各类运输及管洞子等方式获得了几乎无风险的高回报，尤其是通过分红获得大额收益。这是麦地坡人首次集体尝到矿山的甜头，却也可能是最后一次。因而，虽然在一段时间内，全村人因矿山而狂热。但整体上来说，大家并不以此为个人或家庭获得发展的唯一追求。反之，真正开矿赚到钱的人却往往希望通过其他方式改变家庭的未来，完成阶层流动，通常的选择便是子女教育。

如前述，兰坪普米族人对教育的重视是一个悠久的传承并产生显著的实际效果。早至民国时期，麦地坡较为富裕的人家便凑钱在村中开办私塾，邀请大理剑川的老师前来任教。中华人民共和国成立后私塾被迁至与东至岩交界的地方，改为麦冬小学，直至近几年校区合并时才被撤销。在麦地坡，几乎所有有子女读书的家庭均将家庭消费的重点置于子女教育之上。如果有孩子上大学，相关支出会占到普通收入家庭支出的 80% 以上。几乎所有亲戚都会从各方面予以帮助。2014 年，村中有 5 户家有在读大学生的人家，平均每个学生每年约需 2 万元的开支，有 2 户人家同时有 2 个学生在读。用他们的话说："开矿赚的钱都给学生了。"

约从 2009 年开始，麦地坡的孩子们开始需要去河西乡读幼儿园，由于孩子小，无法住校，所以需要家长陪读 2 年直至其上小学，这 2 年的人力损失、房租、生活费等综合起来是一笔不小的开支。据三界小学的鹿老师所言："政府前几年集中办校的时候，乡里就把麦地坡和东至岩分到了乡里，因为孩子小，没法走这么远的山路，开车去乡里还要比去三界近些，这些村的家里都把小孩送去幼儿园。但是去陪读两年，房租这些都是不小的开支。其实不上也不是没有学籍，到了 7 周岁都可以上一年级，但不上的话到时候有些东西跟不上。"自 2014 年 7 月停矿以来，村民的经济状况急转直下，但所有人家仍然维持着去乡里为小孩陪读的状况，没有人将小孩略过幼儿园的学习阶段。

从 2011 年起，兰坪县九年义务教育阶段的学生免学杂费并享受国家提供在校期间的免费食宿。从此，家长们对适龄子女义务阶段的学校教育几乎不用再进行任何经济投入。对于这一举措，麦地坡人无不拍手称快，感叹当下政策好。据笔者的调查，国家这一举措大大减轻了当地贫困群众的经济压力。在麦地坡，较为贫困的家庭最大的资金支出压力往往均源于子女的教育问题。事实上，常年在村的人家除却极少的生活杂费如烟酒茶衣等，饮食方面几乎能够自给，人情往来是较大的支出，但往往有可见的回报预期。一位村民如此说道："小女儿上小学 4 年级，不交学费生活费，年末还退 1400 元，对我们来说是相当舒服。"对于麦地坡经济条件一般的村民而言，教育费用的免除对家庭的现金流增长有着实质性效果。因为在过去，这部分支出往往是他们"从牙缝中挤出来"以应教育之急。

在麦地坡，有 4 户因矿山私采而颇有收益的人家搬迁去了县城。当笔者问其搬迁动机时，几乎均是为了子女的教育问题。这 4 户人家的男主人均在 30—35 岁之间，而他们几乎都是选择在小孩即将读幼儿园或小学的节点迁往县城。一位在村中被称为"百万富翁"的村民对他上小学五年级的大女儿寄予厚望，他说："现在最大的希望就是大姑娘这个能好好地读书，考个大学。我们这些能力就是这种了，没能力没水平，字也不识，签个名字人家看了都笑。"在矿山赚到钱的村民多优先将钱投入子女的教育中。介于矿山私采的偶然性与临时性，在矿山赚到钱的村民并不会有显著的阶层上升的感觉，同样的想法也适用于其他村民对他们的认知。人们仍以"农民"自居，行为作派与过去差异不大。对麦地坡人而言，通过读书真正地走出去才是有出息。人们在日常用语中将"工作"与"打工"区分开，在政府部门、国企、事业单位上班被认为是"工作"，而在私企尤其是学历较低的村民出门工作都被称为"打工"。当然，身边的一些案例也时刻向村民昭显有"工作"的优势。

在麦地坡，仅从房屋内外看，一户人家相当显眼。然而，这户人家并没有矿山的"洞主"或"管洞人"，为房屋修造出钱的男主人是一位小学老师。杨金平（1960 年生，男）2011 年退休，在村中颇受尊敬，一些场合里，村民总是会特意推荐他来向我介绍情况，即便是他们自己也知道的事情。杨老师对自己的经济状况非常自信，他的大儿子在 2014 年结婚，家里建了一栋非常漂亮的楼房，内部装修的豪华程度在麦地坡名列前茅。谈到这栋房子，他说："小儿子是西南财大毕业，考公务员第一次没考到，现在边工作边考，我已经跟小儿子说好了，叫他好好地找一个媳妇，我贷款20万元给他买房子，退休工资五年就可以还完了。我2013年用退休金给大儿子起了一个房子，我退休金7万元，贷款5万元，再加上他在贡山那边架高压线打工赚来的钱，起了这个房子，花了二十五六万元，我现在一个月4000元，那笔贷款早就还完掉了，现在还欠着别人1万多元，不过没事，两个月工资就还完了。"相比村中其他从事矿业的家庭，他目前的经济状况明显要更胜一筹，稳定的退休工资让他具有其他人家少有的安全感。

2015年7月，一位在云矿公司任小组长的村民被公司辞退了，当笔者询问原因时，他失望地回答说："我们这些农民工，还不是想辞退就辞退。"在此之前，作为一名已经工作了7年的老员工，他庆幸自己早年便进公司获得了这份稳定的工作，且没有因为矿山私采而中途退出。他说："现在村里人去矿上找工作很找不到，现在人家相信科学，需要文凭。"伴随着矿山私采被严格禁止的大趋势和矿业开发现代化的进程，缺乏学历和现代科学知识训练的当地村民被渐渐排在矿山的核心利益圈之外。在此之前，麦地坡人与河西乡其他村民的差异仅在于其矿山资源之利。因而，面对未来，如何进入社会阶层流动的阶序，他们的选择更倾向于子女教育，并将从矿山上获得的既得收益倾其所能地投于此处。

第四节　停矿后的生存策略与发展转型

一　弱者的生存策略

在斯科特的视野中，农民和国家、传统和现代是两对鲜明的对照概念。然而，二者在实践中往往表现出内部的多层次分化。农民分为既得利益者、少得利益者和不得利益者，而国家又分为地方政府、高层政府、国营企业等不同的角色展现。因而，即便是在便于分析的二元模式下，每个元下面的次元之间以及分属不同元的次元之间均会发生极为复杂的互动关系，而这样的互动实践导致了矿业开发前后的多重"反抗"文本。此处"反抗"之所以加上引号，是因为在二元对立无法概述这样的事件性关系时，"反抗"于其本意已经很难概括这一区域内各方博弈的实践状况，而仅能作为一种意向性的表达方式。国内外诸多学者对"反抗"的应用发出质疑，朱晓阳在对云南滇池小村的研究中认为："农民在与地方环境与政府相互依赖和协力中，改变或制造村落景观……协力的共同背景是发展主义知识话语①。"

　　在麦地坡，我们常能听到这样令人困惑的答案："政府不愿将非法矿洞拆掉，但国家政策的要求是这样，谁也没有办法。"此处，政府与国家似乎是两个悖行的对立面。经过总结，笔者认识到，在村民的语境里，政府一般言之为"乡政府"，而县级及以上级别直至中央政府则被以"国家"指称，它们是被截然分开的对象群体。我们可以初步推断产生此类区分的原因在于县级以上政府经常作为区域整体政策和规划的制定者，而乡政府通常是执行者。但在实际情况中，这仅仅是一方面。

　　我们可以看到，在自认"靠山吃山"的村民眼中，挖自己家林地的矿是再正常不过的"合法"行为，所得收入也是自己"苦"出来的血汗钱，是干净、不亏心的。而当国家提出关停私有矿洞的时候，几乎没有人站出来反对。对政策的默认背后，一是社会主义

① 朱晓阳：《黑地·病地·失地——滇池小村的地志与斯科特进路的问题》，《中国农业大学学报》（社会科学版）2008 年第 2 期，第 22—48 页。

政策已然深入人心，干部们常说："土地都是国家的，你们只有使用权，没有所有权"，因而私有矿洞的"非法性"是大家默认的，即这个行为的范畴属于"不合规定"，因而当"规定"发挥效力要将其取缔时，大家从法理上无法反驳；二是基于国家和村民之间长期存在的"互惠性"原则，这使大家相信，国家终有一日会回报他们，就像有村民所说："现在不开矿，就等着政府的扶贫安排了，不给开矿，政府可能会在其他方面帮助下经济。"新一轮的"退耕还林"政策①加强了他们对这一预期的信心。

在具体的政策执行过程中，乡政府与县级及以上政府形成了截然不同的政策执行策略。同属于一个县的 Z 镇在一次矿难事故中受到了州级领导的亲自视察，并当场罢免了镇长等主要领导的职务。之后，在河西乡一个 2012 年 4 月 1 日的公告中，明确了矿山整治的计划，并以麦地坡的泰丁矿山为重点整治对象。两个月后，河西乡公布了关于麦地坡泰丁矿山的整治工作报告，总结了成果：清理炸封坑口 43 个，整治工作已达到预期目标，许多存在危险的坑口已经炸封，许多工人也多已下山。根据麦地坡村民的说法，2012 年下半年确实经历了一次宣传改造过程，但结果似乎并没有文件上描述的程度。

在斯科特语境中将"政府"与"民众"进行完全的二元区分并不符合事件在中国大部分情境下的表现，实际上，政府内部也因其职能、层级和利益诉求的不同导致了内部的强弱分化，并进而产生组织内部的某些行为。如前述，在基层政府财政依赖中央财政转移支付的背景下，河西乡政府因对私采矿石征税使财务状

---

① 2015 年 5 月份，这项政策开始申报，M 社有 60 亩的申报指标，但报上去了 130 余亩，正等待林业站工作人员校验。补贴 1500 元/亩，树苗费扣掉 300 元，实际是补 1200 元。第一年 500 元，第二年 300 元，第三年 400 元，三年补完后结束。每年都会验收树苗成活率，成活率要到 95% 的林地才有资格申领下一年的补贴。

况获得了极大的改善，免却如其他贫困乡镇一般大举借债的窘境。总之，因为在部分利益诉求上的一致性，底层政府会与普通民众成为利益共同体，共同以蚁蚀性的反抗策略瓦解上层政府不合地方状况的政策，最终，"农民的行动改变或缩小了国家对政策选择的范围[①]"。

如上所述，在麦地坡泰丁矿山的开发过程中，麦地坡村民往往将精力投入更为赚钱的驮生活物资和开矿上，而照顾不到田里的庄稼。但几乎没有村民会放弃田地，事实上，他们清楚，这样的矿业开发并不是长久之计，而对农民来说，田地才是自己的根本。村中仅有少数抛荒的家庭，均是家中主要成员在外有了正式工作，全家外迁所致。因而，村民会花钱从外村请工来种地。这里涉及两个群体，即有矿村和无矿村。虽然相隔不远，但收入差别极大。这促使无矿村的村民在出卖劳工时采取集体提价的方式，据村民介绍，矿山开采最盛的时候，一个工要 100 元，且要包一天的吃喝烟酒才行，"否则没人愿意来"。这个价钱在今年已经跌到了 70 元，且只包中午一顿简餐。我们可以说这是市场规律引致的工价提升，但在具体的提升过程和价格上升机制中，包括着复杂的集体行动。处于资源和收入弱势的周边村民会采取自发自助的提价行为维持区域的收入平衡，进而维护自身群体在区域内的日常地位。在这样的过程中，对于较低的价格，几乎没有人接受，大家保持着一致的缄默，直至工价达到令大多数人满意的程度。

外地老板具有资本的绝对优势，他们来到麦地坡的土地上，用资本的力量挖出了巨量本地人无力去挖的矿石。按照老板们的初衷，他们仅需支付林地所有者一点挖洞费，而后去河西乡隔壁的 T

---

① 郭于华：《"弱者的武器"与"隐藏的文本"——研究农民反抗的底层视角》，《读书》2002 年第 7 期。

镇找到一位工头，由工头召集熟练的外地矿工并购置相关机器即可。他可以独享矿石带来的巨大回报，而仅支付少量的人工费。这样的计划被蚁蚀般的小偷小摸破坏殆尽，从矿石出洞到进入冶炼厂，这中间的细小行动成功地削弱了资本的力量，而将本地优势发挥到极致。利益得以缓慢地分流，而外地老板也不得不加入这张错综复杂的社会关系网络，在它的庇佑下展开活动。

矿山的骤然关停，伴随着小偷小摸行为的延伸。2014 年 9 月，麦地坡对面的 D 社有两户人家巨额的重楼被偷，损失了约 20 余万元。主人家这样评论："矿山没有了，年轻人无处去找钱，只有来偷了，出去找活路，技能又没有。"

同样的意思，麦地坡的一位年轻人也跟笔者表达过。

> 今年这个政策（关停矿洞），其他地方不明显，河西这个地方出强盗的都有，收入没有了，农民都靠这个收入。我都没事做，河西大部分年轻人都没事做，再这么下去，有批年轻人会疯的。

2014 年 10 月，笔者在几乎所有的场合都听到了类似的抱怨。人们用"恼火"来形容局势。奇特的是，同样的抱怨还出现在河西乡乡政府一份 2007 年 1 月的申请文件中，申请人是本地村民和一位外地老板，他们表示，之前与三界村签订了探矿协议，现如今采到 4000 余吨锶矿却因整顿无法外销，而现在欠下农民采矿费、马帮运费等共计 30 余万元，如若不能及时将矿石脱手把工资发下，将会造成社会治安混乱，请乡政府酌情放行。

同样的压力还出现在敏感的环保领域，在河西乡，广泛生长着榧木，系属国家二级保护植物。矿山关停后，榧木盗伐之风尤烈，几乎到了无法管控的地步。2015 年 5 月林业站一位工作人员这样说道："榧木是去年下半年砍得最凶，他们用马帮来驮，从那边驮到三岔河，我们抓了好几拨，但是还是压不住，现在那边榧木几乎被砍完了，今年砍的情况比起去年下半年还松活一些。"

同时，笔者在麦地坡听到村民讨论山上开矿的事情，麦地坡山背后的三岔河已经有村民在偷偷打矿。

> 现在在泰丁山上面的沟沟里面，还有人在偷偷打矿。在山上面，（以前政府）可能怕打矿导致滑坡什么的，但是在沟里就不会出什么事情，政府大概是睁一只眼闭一只眼罢了。

无论是维护社会稳定抑或环保要求都是基层政府十分重视的重要工作方面，在这方面，他们很容易被说服，并做出退让，乃至与民众联合行动。而县级乃至地级政府对此境况的了解也十分明晰，"停矿生乱"的言论会通过各种渠道传播。人们对治安或环保的关注点被转移到停矿事件中，并确信以此对农民造成的损失是这些问题产生的根源。这些在一定程度上影响了地方政府的决策，他们会采取更多惠及民生的办法抑或争取新的补助项目①来缓解社会压力。

矿山关停后，矿权被收归省级政府，由符合条件的矿业公司申请探矿权与采矿权。河西乡原先以村为单位划分的矿山改为以公司为单位，河西乡的主要矿区均被兰坪县几家矿业公司注册完毕。这些矿业公司的矿权受省级政府裁定且向国家税务总局直接纳税，与乡政府几乎脱离了关系。由于获得某片区域探矿权后，公司必须立

---

① 目前，兰坪县正大力申报普米族的全族帮扶政策，对于普米族聚居的河西乡，这个消息令人振奋并被村民广泛讨论。

即进行开采，否则将被收回矿权。而河西乡几家主要的矿业公司实质上并不具备开采已经注册的所有矿区的能力。他们与外地老板合作，将开采权出租。外地老板交 70 万元的保证金，矿石利润分给公司 30%①，便可在其矿区内开矿。曾经属于某村民的矿洞被炸停后又重新打开，可能老板依然是那个老板，但合作方已经变成了公司。农民在自己的土地上被完全排开了，矿石的收益权被资本垄断。与麦地坡同属三界村的 Y 村，是彝族聚居村，境内有一座矿山，被某公司注册后，分包给了数个外地老板。一位普米族中年人在此处做保安队长，他如此向我描述最近的景况：

> 家里面牛死掉了，就说是因为开矿导致的，就来乱，让公司赔钱，还给政府打电话，政府的人口在这边，心在那边，还是协商，让公司交一点东西完事。

> 这些人就钻空子，说公司的钱多得用不完，我说公司的钱使用起来也是有规章制度的，不能乱用。说我们把他们的人畜用水用完掉了，我说我看着是还哗哗地向下流，哪里用完掉。

> 有一次有一条牛在水里快死了，他们就硬是把牛拉到公司门口，让它死掉，让公司赔钱……。

> 他们说这条路是他们的路，水是他们的水，他们祖祖辈辈住在这里。我说要不是国家，谁修得出来，水也是国家的水，谁敢说是自己的。他们彝族是后面搬过来的，还敢说一直住这里。

> 有一次十几个婆娘围坐在公司门口，说牛死了，真的是没有办法。以前允许私人打矿的时候，他们的牛死掉还不就是悄

---

① 实际上，具体的数额因公司不同而异，此为参考数额，各家差异不大。

悄地，没有哪个说是因为打矿导致的。

正如斯科特所言，遵从和愚钝只是一种姿态——一种必要的策略①。被理解为蛮不讲理、胡搅蛮缠、前言不搭后语等恰好掩盖了他们对被从家园排开的愤怒，取而代之的是一种弱者的武器，呈现出非公开、非组织化、非暴力的特点。这样的"反抗并不必然地直接要求占有资源。由于反抗者的目标与这些紧迫的需求——人身安全、食物、土地和收入——完全吻合，他们为此而行动时则具有相对的安全性，他们只是遵循风险最小的原则"②。恰如案例中所表现的，农民们并不直截了当地要求占有矿权或公司股份，他们以琐碎的生活事件索求可触碰的利益。这样的诉求往往也会获得基层政府的支持，被满足的可能性最大。后面我们可以看到，正是在这种日久天长的日常反抗下，资本拥有者与普通民众通过一些机制达成和解。这些机制将资源或尊严通过合理合法的途径分流到村民的手中，在政府没有以强制手段介入的很长一段灰色时间里，正是这些机制维持着资源开发过程中各方关系与利益的平衡。

二　个体与社区的转型：历史与预期

与应激性的弱反抗相伴随的往往是个体与社区的发展转型，无论如何，另找出路是维持生存的必然选择。正如笔者前述，停矿并不是一个突然的事件，无论从区域局势抑或政府对待泰丁矿山私采的态度均可看出停矿是一个必然的趋势，并已经历了充分的事件发酵。因而，大部分村民事实上从停矿1年前，即2013年7月外地

---

　　① ［美］詹姆斯·C. 斯科特：《弱者的武器》，郑广怀、张敏、何江穗译，译林出版社2007年版，第45页。

　　② ［美］詹姆斯·C. 斯科特：《弱者的武器》，郑广怀、张敏、何江穗译，译林出版社2007年版，第41页。

老板集体撤资出走的形势已然大致推测出未来的结果。有的人提前做出预备，很早便开始尝试转型，有的人则仍在侥幸与迷茫中等待最终的结果。而当停矿真的如期而至并空前严厉，几无继续之可能时，村民们分化出了不同的发展选择。

2015 年 5 月，一位在麦地坡为一户村民建新房的包工头向笔者讲述了当前自己生意面临的困境，一为小工不足，"人都出去打工了"；二则竞争激烈，"现在矿不打了，建筑老板也变多了，认识人多的，就能多找到活路。竞争激烈了，不过最终还是靠手艺取胜"。乡村建筑业的局面折射出河西乡矿山停顿后，乡民的两种选择对既有行业的冲击。停矿致使就业人口投向其他领域或区域，如转行建筑业或出门打工，其他行业因为新人的进入竞争趋于激烈，另外更面临着人口减少及需求减少造成的整体萧条。

在发展经济学的视野里，区域经济的发展方向取决于历史和预期的作用。历史造成了当前经济状况的既定现实，形成了所谓历史锁定效应。同时，由于产业发展需要协作分工，人们将会在预期别人的行动时之后才会决定是否行动，这样的推迟是一个潜在的、代价高昂的行动的趋势，会使经济落入低水平的均衡陷阱。在河西乡，尤其是三界，常年受矿业开发的历史影响，并没有形成较为有影响力的其他产业，在矿业开发高利润回报的挤压下，人们不愿意从事其他行业或学习其他技术。麦地坡一位村民如是说："之前国家提倡科学种田，用营养杯，再加上人好好操持，苞谷亩产才能到800 斤，现在完全达不到。那时候国家给了村里 3 台机器用来做营养杯，才弄了一两年，现在机器还有没有都不知道。这个功夫太麻烦，再加上那几年打矿，找到几百万几十万的都有，钱好找，不需要这种费力。"

人们的理念也发生了深刻的改变，村民不愿再从事传统的农业和畜牧业，认为其回报太低。2015 年，整个麦地坡社仅有 1 户人家养羊，同时，种地的人家开始逐渐将坡度稍大的田地抛荒。由于矿山被封，村民心里少了依靠，大家对花钱愈来愈谨慎。人们做决定的过程受未来预期的各种因素影响很大。

在麦地坡常年住村的 44 户人家中，笔者抽取其中 26 户人家进行了统计，发现人们的转型趋向具体表现为：

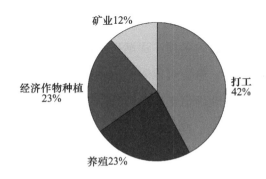

图 23　麦地坡村民转型趋向比例分布图

不同年龄阶段的村民选择的趋向性具有某种程度的共性，选择打工和矿业共计 14 户村民中，承担家庭主要经济来源的男主人有 11 位年龄在 40 周岁以下，而选择经济作物种植和养殖的 12 位男主人中，则有 8 位年龄在 45 周岁以上。在麦地坡，除去接受过高等教育或正在接受高等教育的青年人。未婚男性青年几乎都在停矿伊始便出门打工了，在前些年的开矿时期掌握了开车技能的村民多选择在本县或本乡尤其是矿山做货运司机。而女性未婚青年则多未直接参与矿山私采，以在丽江、昆明等地打工为主。常年在村的村民多为年轻夫妇加上幼小子女和老人抑或中年夫妻加上年轻未婚子女的家庭形态。在这样的结构中，承担家庭主要经济来源的几乎均为具有最大劳动能力的青年夫妇或中年夫妇。而他们的选择便决定了这个家庭的经济走向。

停矿伊始，笔者于 2014 年 10 月，即正式封山后的三个月前去麦地坡调查时，发现村民们多还保持着观望态度。彼时正赶上农忙，人们不再请工，而是下地干活。闲暇时候常上泰丁矿山去看还能不能再开了，顺便捡些被弃的矿石，一位中年夫妇经常上山查看，零零散散竟捡了 4 大袋的矿石堆在院里。直至 2015 年 1 月，乡政府派了一台挖掘机艰难上到矿山，将矿区挖高补低，填埋矿洞。人们期望矿山重启的希望才逐渐破灭。在此之前，过去驮水用的骡子都被悉心照料，希望可以随时启用。而在这之后，加上各种渠道的消息，人们逐渐确信矿山重新开采已无可能，开始分批售卖闲置在家的骡马。之后，笔者听到云矿公司兰坪分公司的书记提到，此次停矿，县政府原本计划关停 7 个矿山，行动后期增加到 21个，力度空前。

期望落空后，转型开始落向行动。正式的改变从 2015 年春节后开始，希冀在本地打工的村民开始通过各种关系寻找工作，矿山是他们的第一选择。此时，普米族传统亲属网络为他们提供了帮助。前述统计的 11 个打工者中有 9 个是通过亲戚介绍在矿山找到了运输或勤杂的工作。这里，从事"外围"的村民常常起着中介者的作用，他们为所在矿企推荐合适的亲友。在矿上，村民们通常担任非矿工类的一线工作，通常懂得驾驶技术的青年男性从事运输，而中老年男性则多为保安、堆场看护等，还有少部分中青年女性会来负责工人伙食。2015 年年初，本地矿山具有一定技术含量的运输行业工资通常在 3000 元左右，而保安和看护则仅有 1500 元上下。

传统文化中的亲情观某种程度上对村民外出打工的行动起到了

拉拽作用，麦地坡人一般不愿将家中老人单独留在村中。麦地坡44 户常住人家中仅有 1 户是单独在家的老年夫妇，且子女均在本县工作，时常回来照看。普米族老人一般随小儿子住，在村中，对家有老人的麦地坡人而言，乡内的工作是他们的首选，即便工资偏低。一次在本乡的矿山，一位重庆老板评论说："这边年轻人都很不上进，就只知道在山里守着，不愿意出去，而年轻人就应该到处去闯闯，父母在不远游已经是过去的事情了。"事后，几位在该矿山打工的普米族年轻人表示："我们这里，父母在，就要在身边照顾他，一个人，要是连父母和亲戚都不管了，亲情都没有了，那他活着也没什么价值了。人是活成个人，不是为了钱，父母在就要在边上照顾，我们这里都是这样。"村中一位入赘的贵州人在 2015 年初便出门打工，家中留下妻子一人和一位老人，他的妻子对笔者如是说道："他们那边人都爱出去打工，不爱在家，跟我们不一样。"

　　男性出外打工后，传统的农业耕种慢慢成为女性的主要工作，除却秋收和犁地等重体力活，日常农事基本上是中青年女性的任务。一个普通麦地坡妇女的日常作息是：6：30am—8：30am：起床，做早饭，喂牲口；8：30am—18：30pm：做农活；18：30pm—20：30pm：做晚饭，喂牲口，休息。1998 年麦地坡第一次通自来水，这节约了妇女们大量的时间。在这之前，水要去山下面的沟里去提，洗衣服也要去那边洗，当时这每天要耗费一个妇女 1—2 个小时的时间。此外，近些年来，麦地坡人渐渐抛弃了过去以粑粑作为主食的生活习惯，大家都开始吃米饭，煮米饭相对传统做粑粑和蒸包谷饭来说更节约时间。同时，由于近两年矿山私采，人们经济生活宽裕后，各种家用电器如电饭锅、电磁炉、电冰箱、洗衣机等已然普及，且使用频率很高，妇女们洗衣服很依赖洗衣机，这大大节约了时间。

　　然而，这一系列时间的节约实际上并没有减少妇女的工作压力。由于本地无法种植水稻,米饭需要购买。麦地坡普米族的传统农业生活,作物非常多样,且烧荒开垦,种植面积较大,虽平均产量不高,但完全能够满足自给自足的需求。而现在,田地里几乎只种玉米且全部用来喂牲口,但还常常不够用,需要购买。牲口一方面满足节庆和日常的肉食需求,另一方面是农户的资产储备。其他诸如前述的各种新的消费习惯如建新房、子女教育、医疗等促使农民的生活跟市场的关系进一步贴近,现金的意义显得愈发重要。总之,依靠传统生计已经无法实现自给自足,必须转向其他渠道。

一位 1988 年出生的小伙子认为种地不划算:"我算过了,农民一天只能苦到 1 角钱,年成不好的时候,找不到钱,反而还要买苞谷喂牲口,要贴钱,这样种到后来,连裤子都要贴进去。"同样的言论在村中时常听到,另一位 1975 年出生的男性村民如此说道:"我算过,光种粮食,1 天赚不到 2 元,下地干农活没有奔头。"当农民开始用现金来计量农业产出的价值,他们时常发觉,种地实在"费力不讨好"。尤其在矿山私采的喧嚣过去,人们已完全无法满足于种玉米带来的微薄收益。一位现年 50 岁的中年男性将种地与打工的收益进行了对比:"我之前在银矿厂一个月 2500 元,就可以买 3000 斤苞谷,现在村里田地多的 1 年才是 5000 来斤。"最后他得出结论:"所以身体好的话,还是打工才能改善得了家庭的生活。"不仅种植业遭遇困境,传统畜牧业也已走向衰落。

2015 年 5 月,麦地坡仅有 1 户人家养羊,这是近年因矿山所致的生计转型累积形成的结果。过去,麦地坡与周边其他普米族村庄一样,畜牧业是家庭中最重要的经济活动之一,1949 年前麦地坡的地主会专门雇用长工来放养牲畜。20 世纪 50 年代集体化时期,麦地坡 17 户人家的羊被统一放牧,多达 200 余只。1981 年包产到户时,羊连同田地均是极为重要的生活物资,每家至少分一只。村民依靠养羊的收入供大学生、买生活用品等。直至 20 世纪 90 年代，村中家有 30 只以上羊群的人家依然很多。到 20 世纪初，伴随着青年劳动力的减少、矿山私采的繁荣，羊群从麦地坡渐渐消失了。而在没有矿山的普米族村庄，如箐花、大洋，拥有 70—80 只规模羊群的人家至今仍不鲜见，羊仍是占据他们经济生活中心的动物。实际上，养羊作为传统的生计方式仍被大部分麦地坡人所记忆，1980 年前出生的麦地坡人均有放羊的童年经历。当矿山被封，这一历史记忆连带着生计诉求重新回到了麦地坡人的视野。

事实上，近些年来，伴随着山田山地的抛荒，麦地坡附近可以放羊的地方越来越多。同时，伴随国家新一轮"退耕还林"政策的实施，林地面积和林下草地面积会持续增加。更为重要的是，由于矿山私采被禁，曾经大为猖獗的偷伐林地私卖响木的活动也暂告一个段落，树被砍掉的地方植被也开始逐渐自然恢复。总之，生态改善为养羊提供了基础条件。

然而，村民们对养羊多是心向之而行动者少，究其原因，一个是投资回报率的问题，二则由于观念的改变。首先说投资回报，2014 年，一只羊在河西街上的市价一般为 800 元左右，而同年在河西或兰坪做杂工的工资平均为 1500—2000 元。因而，若要使养羊的回报达到杂工工资的水平，则一年要出栏 25 只羊以上，则羊群规模需要维持在 70 只才可以满足此需求并保持可持续发展，而一个人照看羊群的极限也就在 70 只左右。由于麦地坡已经没有羊群，养羊需要重新购买基础母羊和种羊，需要数万元的初始投资，这是麦地坡很多家庭所不愿承受的。同时，养羊具有疾病、瘟疫等各种风险，不比打工稳定。

再说观念的变化，最早在麦地坡重新养羊的是一位年轻人。他在矿山私采的几年间颇积攒了一些财富，购买了 30 来只羊，还花

高价购买了波尔羊的种羊用来改善羊种，对养羊的未来寄望很高，
1年后却告放弃。他称自己有腰病，放不了羊，家中没有多余的劳
力，只能雇人放羊，但雇工工资一除，几无利润。同样的顾虑还存
在于另外几户有意愿放羊的人家。人们尤其是年轻人多不愿再以这
样一项辛苦的活计谋取生计，他们可以在附近或外地较为轻松地找
到工作，很多人还可以从事司机等技术性岗位，而有过较长放羊经
历和经验且在打工中占据劣势的中老年人却反而更有意向。而有志
此业的人也多倾向于先打工攒钱，家庭经济压力缓解后再做。

《兰坪县县域经济发展规划（2006—2020年）》将做大做强矿
电支柱产业、发展特色农业、培育民族文化生态旅游业作为未来全
县重点发展的三大产业。麦地坡所属的河西乡将以特色农业和生态
旅游业为主，突出森林高覆盖率，建设特色乡镇。2003年，兰坪
县政府将中草药种植作为县域经济的特色优势产业重点扶持。2009
年9月兰坪县被云南省科学技术厅、云南省食品药品管理局认定为
"云药之乡"。从2013年开始，河西乡着力要将自身打造为"中草
药之乡"，在各村推广中草药种植。在这样的政策背景下，中草药
种植很早便进入了河西普米族人的视野。由于普米族聚居地多在山
腰，地理位置和生态环境十分适宜中草药，因而早在20世纪初，
便有普米族村寨尝试种植中草药。而麦地坡由于矿山私采的影响，
人们迟迟没有参与。

以矿山的封停为节点，恰逢新的"退耕还林"政策，加上政策
性引导，麦地坡人普遍参与了中草药的种植。河西乡从2015年起
开始发放经济作物补贴，以秦艽和青刺果等中草药种植为主，对已
经种植的林地乡政府给予200元/亩的补贴，由各村统一根据本村
实际种植情况上报申请。2015年5月，麦地坡共上报青刺果种植
435亩，上报秦艽种植326亩。秦艽属于草本类作物，青刺果则是

灌木类，二者可以和混种，且在补贴申请上面积可重复计算。

秦艽种植十分方便，只需将其撒在坡地即可，因而村民多乐得为此一举。且其生长周期快，一般1—2年即可收获。同时，牲畜不喜其味，多不食之，养护简单。主要是收获季节比较耗费人力，且若增加产量，需要把地施肥，先犁一遍。麦地坡村民几乎都是只作播撒，没有在其上消耗太多人力。青刺果是当地一种野生灌木，据说其油有美容奇效，市价很高。有村民采集野生青刺果在家中晾晒，据说干果每斤收购价200元，人们热情较高。麦地坡一位村民曾大面积试种，然而最终由于其生长缓慢，回报周期过长，而全部铲掉。

新的"退耕还林"政策预计将从2015年下半年实行，限于30度以上的坡地农田，自然还林的不算在其内。标准是补贴1500元/亩，含300元的苗圃费。由农户将树苗种上，每年年终验收，成活率在95%以上才会发当年补贴。第一年500元，第二年300元，第三年400元，三年补完。据说麦地坡分配下来的指标只有60亩，此次一共报上去130亩，政策落实前还需林业站重新复核亩数。据悉，大部分麦地坡人计划在退耕还林的田地上种植核桃，核桃作为备受麦地坡人青睐并寄予厚望的经济作物很早之前便已进入。

早至1996年起政府便开始定期免费发放核桃苗，村民领去在荒地里种，据说是新疆核桃，长势很好，长出来的核桃也多是皮薄个大。约从2009年开始，政府再次免费发放核桃苗，连发数年。此次核桃苗是用本地核桃与漾濞核桃嫁接而成。据村民说是"每年发每年死，死了又发"，最终长大一些的长出来的核桃多为本地核桃的品相，个小皮厚，称为"铁核桃"。2014年新疆核桃的收购价为20元/斤，而铁核桃仅有2.5元—3元/斤。因而有的村民正在寻求将政府发放的核桃苗重新嫁接，提高经济效益。很多村民用之前种下的新疆核桃育苗栽种，现在田间地头的零碎地方和坡度较大的田地俨然已是核桃的天下，然而均还远未产生效益。当前，人们的核桃收获多来自本地老核桃树和1996年种下的那批核桃树，产量很小，从几十斤到上百斤不等。村民多用其在家待客或作为土产送给外地亲戚。然而，由于核桃生命力强，种植方便，人们多愿意种植，并寄望数年以后能够产生较大收益。同时，伴随新的退耕还林政策的施行，核桃在村民们经济构成中的地位可能会逐渐重要起来。

转型过程必然面临风险的问题，不同的人或组织承担风险的能力不同，一般来说，财富的拥有量越大、财富来源越多元化，风险承担的能力就越高。因此，在投资中，穷人总在风险控制端占劣势（竭力规避风险而丧失发展机遇），所以富人更易得利。由于失去了矿山收入的依靠，麦地坡人如今对风险有一种天然的规避情绪。人们倾向于选择回报周期短、投入小的投资项目，而对诸如重楼种植、乌骨羊养殖等高风险、高技术含量同时也高回报的产业无甚兴趣。这样的情绪容易产生过于同质化的区域产业增长，2016年年初兰坪玛卡市价断崖式下跌，某种程度上便是由于这种蜂聚式的产业介入方式而对底层生产者造成的伤害。仅从经济意涵出发，对于竭力规避风险的普通村民来说，外出打工可能是最为恰当的赚钱方式，而传统亲情网络对麦地坡人外出的拖拽作用能在多大程度上延缓其"村落空心化"的趋势不得而知。相对而言，矿山私采过程中积累到相当财富的村民则对未来有着更为丰富且长远的选择。

小　　结

在社会流动性大幅提高、劳动协作方式更倾向个体化的今天，乡村碎片化的趋势正在侵蚀麦地坡人的传统生活。而与此同时，古老的家号制度随之强化。它是小家庭与大家族之间的中间"产品"、亲缘与地缘的紧密结合体，既保证了小家庭的独立性和灵活性，又为力量的联合提供了方便合适的机制。

矿山私采造就了诸多职业，相关利益循着传统关系网络流动到普米族群体内的各个部分，由此延伸出的各种消费行为将利益进一步流动到更多人群。同时，传统的社会关系网络是解决矿洞与周边民众矛盾的天然途径，一些普米人借此成为"代理人"，承担了将外地资金与本地资源相连接的业务。以这一类人为代表的职业群体成为矿山私采中受惠最大的本地人，不同职业因其收入不同而衍生出社会阶层的分化。矿山私采波及了麦地坡几乎所有家庭，虽有差异，但收入均较传统生计丰厚得多。新的收益刺激了日常消费与娱乐的变迁，人们逐渐养成新的消费习惯和娱乐行为。同时，大量投资于传统事物的改造，以使其符合当下的生活和精神需求。新的建筑蕴涵着新的空间使用规则和文化意涵，展现了普米族社会的文化变迁。

矿山私采的特质使得社区内弥散着对"冒险精神"的崇尚，消费和冒险过早地消耗了资本的储备，而矿山的关停在兰坪矿业整顿的形势下似乎也是必然之举。因而，人们并不视矿山私采为实现阶层流动的主要途径，而更多将希望寄托于教育。事实上，通过采矿获得的收益相当一部分都流入对子女的教育中。

教育可以说是一种长远的转型预期，而因停矿而来的收入消失则强迫人们进行即时的生计转型。停矿使矿山私采转变为矿企圈地分包，本地人被彻底排开，原先的"所有权"变为"就业权"。人们以获得眼前收益为目的展开了一系列的弱抵抗，表达在地感。与应激性的弱反抗相伴随的往往是个体与社区的发展转型，无论如何，另找出路是维持生存的必然选择。从事当地政府扶持的中草药种植、打工或者异地开矿是多数村民的选择。人们充分发挥智慧，抓住能够利用的一切资源包括政策乃至自己的民族身份寻求发展转型。

第五章　人类学的发展研究与相关思考

　　如前所述，社会转型包含了发展，而发展则常常表现为由传统向现代的社会转型。社会转型的过程中，社会文化的各个组成部分之间相互影响，发生着频繁而琐碎的变化，最终累积成社区的整体变迁。通常在这一过程中，无论是个体还是机构抑或政府，均希冀通过自己的行动干预社区变迁的方向，而最终将其引向自己所期望的发展目标。因为不同的期望，对于"何为发展？如何发展？谁来发展？为了谁的发展？"等问题，不同的主体有着不同的理念。这些理念会直接或间接影响各方行动，进而干预社区变迁的方向，最终对社会转型的结果产生重要影响。

　　发展理念在近年来深受社会各界关注，从最早西方提倡"经济增长唯一论"到后来的福利国家再到可持续发展直至现今的参与式发展理念，现代发展理论经历了持续的变动过程。而对于发展理念的讨论从人类学成立之初便从未停歇。早期人类学的理论视野中，发展具有类似于进化的意涵，区别于经济学中的"增长"之义。伴随着人类学领域中不同理论范式的出现，发展的内涵也在不断深化。人类学视野内的发展早已不局限于进化之意，它以文化相对主义为本纲，秉承整体论与适应论，深受当代参与式发展研究和应用的青睐。

　　传统进化论学派认为人类的发展具有单线进化的序列性，不同地区的不同发展现状实际上是人类发展过程中的不同阶段。传播学派继承了传统进化学派的进化观念，但将人类社会的发展归因于文化传播，其代表人物史密斯甚至认为人类的发展最终都要追溯到古埃及。而博厄斯开创的美国历史特殊论，秉持文化相对主义的理念，认为某种文化的发展受限于其独特的自然和社会因素，其发展形态各具特色，是其不断调适自身的结果。倡导平等地看待和尊重所有民族的发展成果，已然成为人类学发展研究领域的主要态度和基本理念之一。以涂尔干和莫斯为代表的法国年鉴学派，将道德的概念引入发展理论，认为人类的发展实质上是"集体表象"对人的思想控制的减弱，人的自我意识增强，通过对自我的追寻不断接近人类同一的理性。功能学派是发展研究领域备受争论的传统学派，有学人因它辅助殖民服务的行为而对其颇有微词。实质上，在为殖民服务的实践过程中，富有人文关怀和地方知识的人类学家恰恰意识到了发展的困境并予以反思。

　　不同时期不同范式的人类学理论均从各自的角度出发对发展这个理念做出了各自不同的阐释，人类学的发展研究至今仍受它们影响。同时，在没有统一理论范式的今天，人类学开始发生"实用主义"的转型，即针对研究对象的实际状况而不是自身的理论预设展开研究。在这一过程中，人类学与其他诸如社会学、历史学、经济学、政治学等学科之间相互借鉴，大大扩展了研究视野，深入了对发展的认知。

第一节　对发展的反思

　　在当代，发展已然成为一个默认的事实。无论是发展的拥护者抑或批判者，其言行均局限于发展的框架之内。对于发展本身的反思被淹没在喧嚣的"求进步"和"求增长"的声音中。在西方国家，以埃斯科瓦尔、沃勒斯坦、萨林斯、班努里等为代表的新发展主义者，通过对发展思想脉络的梳理以及不同发展方式的展现，揭露出了"发展"被建构的历史。他们将发展定义为西方现代性的统治性话语，发展不具备绝对正确性，而人类学家的参与也无济于事，甚至会加剧霸权控制的延伸。埃瓦尔·埃斯柯巴（A. Escobar）认为"应将发展作为一个独特的历史现象和一个被创造出来的思想和行动领域来考察"[1]。而发展干预则实为一种官僚政治，因它着力于管理及改变人们对生活的认知和组织的方式。事实上，主流层面的发展始终是资本主义在世界范围内扩张的产物。

在权力不对等的世界政治经济格局中，发展是由优势族群和文化所定义的。因而与其将发展视作与生俱来的真理，实则是一种霸权话语。在这一话语结构下，诸如"何为发展以及何为不发展？何为知识？乃至何为好？"等评判标准均早已被话语先定，而无涉于具体的评判对象。正如霍巴特所言，"无知"不是简单的知识匮乏状态，而是当权者认为没有权力的人所处的一种状态[2]。对于少数民族而言，其传承至今的文化生境面临被边缘化的趋势，对传统的继承常常被理解为落后的象征。在现代性的进程中，他们所拥有的"知识和文化生活选择的重要策略"[3] 被破坏殆尽。选择的减少实际上将少数族群带入了某种"不自由"的发展状态。

面对发展，沃勒斯坦提出了一系列的追问：发展是发展什么？是

---

① ［美］阿图罗·埃斯科瓦尔：《遭遇发展——第三世界的形成与瓦解》，汪淳玉等译，社会科学文献出版社 2011 年版，第 9 页。

② ［英］凯蒂·加德纳、［英］大卫·刘易斯：《人类学、发展与后现代挑战》，张有春译，中国人民大学出版社 2008 年版，第 142 页。

③ 许宝强、汪晖选编：《发展的幻象》，中央编译出版社 2001 年版，前言第 21 页。

谁或什么实际上得到发展？谋求发展的背后是什么需求？这样的发展如何才能实现？前面四个问题的答案有什么政治含义？① 这被称作"沃勒斯坦命题"② 一系列疑问可以作为我们思考发展问题的基本点。

人类学擅长以整体观的视角透视事物自身的复杂性，这不仅有助于我们解构发展概念背后的话语建构，还将推动我们反思解构行为本身。对发展的解构基于我们对地方霸权和弱势地方的预设，却往往将此二者脸谱化。事实上，它们均非铁板一块，对发展的反思往往诞生于所谓话语霸权的中心，而地方的弱势也只是一种相对的概念。往往"多元的'地方'内部同样存在不平等的权力关系与话语支配现象，而且还可能存在更严重的话语垄断问题"③。因而，以何种意识代表所谓发展中的"地方意愿"应该建立在对地方复杂性的充分认知之上。

对发展的解构将有助于我们打破"西方道路中心论"，追究发展对不同族群的不同意涵，激发学界探究非西方文化体系下的生存逻辑和适应策略。正如有的学者如此说道："将'发展'等同'经济增长'，再将'经济增长'等同美好生活的信念，本是特定的历史产物，但却被看作普泛的真理，支撑着整套发展主义的话语，将丰富多元的人类需求和自然生态，约化成单一的向度"④。因而，在对少数民族发展景况的研究中，要更多地注意到传统的民族文化和社会体系在现代化过程中的嬗变。而在区域的发展项目或规划，更要将发展目标与发展对象灵活生动地嫁接起来，探索适应地方、

---

① ［美］沃勒斯坦：《发展是指明灯还是幻象？》，黄燕堃译，载于许宝强、汪晖选编《发展的幻象》，中央编译出版社 2001 年版，第 2 页。

② 姚国宏：《检视发展主义话语下的"三农"问题研究》，《学海》2003 年第 4 期。

③ 辛允星：《发展的解构学及其困境——与〈遭遇发展〉的反思性对话》，《中国农业大学学报》（社会科学版）2012 年第 2 期。

④ 许宝强、汪晖选编：《发展的幻象》，中央编译出版社 2001 年版，第 2 页。

具有特色的发展道路。同时，对地方的认识必须具有多层性和复杂性的整体视角。

完善、正确的发展理念是发展行动的核心推力，它直接决定了发展政策及行动的方向、策略和目标。当前，很多人类学家经常引述阿马蒂亚·森对发展的阐释，即发展应被视为扩展人们享有的真实自由的过程。森将收入、技术、现代化水平等指标从发展评测中排出，而突出人的地位，认为发展的最高价值便是自由。森的贡献在于将自由中各种价值因素的权重交由民众决定，而呼吁"集中注意人们去做他们有理由珍视的事情的可行能力，以及去享受他们有理由珍视的生活的自由"①。同时重视政治自由、经济条件、社会机会、透明性保证、防护性保障五种工具性自由之间的联系，认为"自由不仅是发展的首要目的，也是发展的主要手段"②。这些洞见与人类学自下而上的视角和整体观不谋而合。

在笔者看来，发展绝不只有一条道路，不同族群对自己珍视的事物有着不同的见解。因而，扩展对发展的评判标准，对于少数民族等边缘群体具有特别的意义。同时，在针对少数民族的项目中要意识到不同发展维度之间的紧密联系，将发展作为"一个整体性的概念"③，因地制宜地调整对策，最终提高项目的整体效果。

第二节　发展人类学视野下的麦地坡

作为发展主义的地方政策展现，兰坪县早些年鼓励小矿开发，致

---

①　［印］阿马蒂亚·森：《以自由看待发展》，任赜、于真译，中国人民大学出版社2002年版，第71页。
②　［印］阿马蒂亚·森：《以自由看待发展》，任赜、于真译，中国人民大学出版社2002年版，第7页。
③　陈庆德：《发展理论与发展人类学》，《思想战线》1998年第8期，第45—50页。

使地方生态及文化环境遭到了很大破坏。如今，伴随着发展转型，旧的道路被迅速摒弃，而没有同时进行完善的恢复性工作。这不仅将使部分地区的自然生态更趋恶化，而生活于此间的农民抛离了旧有的社会和文化生境后，只能面对被现代性卷入并边缘化的境地。

在兰坪矿业开发的历史过程中，国家力量一直是主导因素，中央政权针对大区域格局乃至世界政治舞台的方针政策经过复杂的机制会传导至偏远的云南矿区，进而影响到一个普通矿工的生活。开发西部的过程中，不当的发展政策时常致使最需要发展的本地底层民众无法获益，甚至因生态、市场等因素的变化跌入更为困窘的局面。

如前述，重新整合的矿产资源被资本雄厚的矿企所垄断，并分配给有钱的外地老板进行开采，企业坐收利润。本地农民从曾经的"洞主"或"管洞子"一落而为司机和勤杂工人，被从自己家园土地的开发中排开。类似的局面在西南地区并不鲜见，由资本代入而形成的"嵌入"式工矿企业并没有与本地的社会、生态和经济体系相融合，"嵌入的工业体系与当地民族的经济活动就像两条平行线一样各自延伸"①。最终，发展的目标与结果南辕北辙，资源的开发并未从根本上为本土发展找到出路。

然而，村民很少因此而对国家产生怨恨，他们相信，借由税收等机制，国家会将利益重新返配到他们手中。从1951年土地改革开始，中国农民逐渐对国家资源再分配产生了依赖。这一点在兰坪普米族地区表现得尤为明显。由于地处云南连片特困地区，又是少小民族，帮扶政策多而全，大到修路，小到楼顶的扶贫瓦，甚至连小孩每天喝的营养奶粉也是国家下发的。因而，村民得以形成了一

---

① 高登荣：《对民族地区发展研究的思考》，《西南民族学院学报》（哲学社会科学版）2000年第4期，第12—17页。

种"感恩型的国家观念"①。这种观念在停矿事件中表现为村民对政府行动的同意、理解以及埋怨、期望等复杂情绪，当地一些基层政府工作人员常言："老百姓等靠要的思想很重。"事实上，所谓"等靠要"与村民对国家政策无条件支持这两种行为具有内在的统合关系。它们均是国家资源集中化以及国家在发展进程中的绝对优势地位的产物，而蕴含在这两种态度背后的正是村民"感恩型的国家观念"。

　　矿业开发的现代化过程重新将具有国家意识的学历教育置于高位，规范化的矿企招收员工时更倾向于高学历。而在矿山私采阶段，个人品质以及基于传统亲属网络的社会关系是村民立足的关键因素。国家通过资源整合，将矿山开发权分配给符合政府标准的企业，秩序维护则依托于法院、警察等国家暴力机关。而无论是矿企抑或投资老板，他们的境遇恰似斯科特所描述的，"曾经嵌入于生产关系的原本依附性的控制，现在更多地基于法律、财产、政治强制、市场力量和政治庇护。为了保证他们的信誉和投入，为了他们庇护资源的提供，以及为了确保他们对于稀缺的土地和资本的持续控制的根本势力，他们使得自己越来越依赖于国家"②。总之，在矿山私采中基于传统社会关系网络的乡村秩序以及个人的发展逻辑将伴随着资源重组被全部并入国家整体发展秩序的轨道，这是一次发展意识的"统一"。自此，区域的发展进程被完全纳入国家发展机器的整体范畴。

　　现代国家的发展策略，尤其在中国的强政府背景下，为了管理的便捷，常常流于简单化和模式化。个体或族群一旦被完全纳入国

　　① 郭于华、孙立平：《诉苦：一种农民国家观念形成的中介机制》，《中国学术》2002年第4期，第130—157页。
　　② ［美］詹姆斯·C.斯科特：《弱者的武器》，郑广怀、张敏、何江穗译，译林出版社2007年版，第378页。

家体系内，其原先所具备的能力和所盼望的诉求都将改变。对于少数民族而言，这常常意味着边缘化。正如侯远高对凉山彝族的研究显示，各民族发展的不平衡问题，更多是由于"各民族文化多样性的现实与国家单一发展模式之间的冲突和矛盾。如果说我们有的人还能够把少数民族发展上的差距归咎于历史原因，那么，少数民族在国家现代化进程中的文化边缘化以及由此产生的一系列社会后果，就不能不与国家的制度安排和政策选择联系起来"①。

然而人们在国家与资本的阴影下并不是无所作为，事实上，麦地坡人一直在努力用行动改变自己的命运。通过使用"弱者的武器"，他们使得基层政府认识到停矿对于治安和环保的巨大压力。这一压力经由科层制度顺序传导向上，最终转化为底层民众争取帮扶政策的砝码。麦地坡人一直在积极地了解政策，他们利用传统关系网络的每一个节点为自己提供有用的信息并及时做出反应。这一点使他们能够更快地根据政府补贴等调整自己的经济结构。这并不是对国家政策的简单跟随，实际上，农民们将国家视作"资源"，他们也许另有算盘，但并不介意花一点时间迎合政府的发展规划，而最终为自身发展获取更多资本。正如有学者所言："在当代，发展主义已经是一种'核心价值'，这种价值已经为国家和农民所共享。"② 在现实世界中，基层政府与村民达成了某种"互惠性"协议，大家心照不宣地利用各种手段瓦解上层政府制定的于己不利的政策，实现区域内既得利益局面的维持。二者分别在等级森严的政治体系和感恩型的国家观念下与施加于身的发展政策进行着种种琐碎的博弈，他们并不会坐等接受且积

① 侯远高：《川滇大小凉山彝族地区社会文化变迁中的民族关系》，《凉山民族研究》总第十一期，2001年版，第116—130页。
② 朱晓阳：《黑地·病地·失地——滇池小村的地志与斯科特进路的问题》，《中国农业大学学报》（社会科学版）2008年第2期，第22—48页。

蓄怨气，而是在可能的范围内联合扩展自我发展的空间，并尽可能地吸收外界的有利条件。

最终的结果表明，"他们并非'处在边缘'，而是说虽然他们努力改善自己的状况，但还是被大的社会经济背景所边缘化了"①。在边缘化的农民中，妇女的地位被更加边缘化。在矿山私采期间，本地妇女有很多直接获取现金的方式，如驮水、上矿、卖菜、做饭、开小卖铺等，相对在外打矿的男人们而言，她们的收入更加稳定，并能直接作用于家庭整体生活质量的提高上。而停矿后，妇女的地位又重新被边缘化，导致所谓"生存的女性化"的问题。即妇女必须留在家中，负责日常农事、照料老人小孩以及维护家户的日常生活。某种程度来说，麦地坡妇女维系了其村庄传统生活方式的存续。但原本需要两个人维持的家庭生活目前多由妇女负担，即便各种家用电器和新的生活方式大大缩减了女性在某些家务上的劳动量，女性的劳作负担仍没有减少，反而有加大的趋势。

当代的发展经济学对发展的定义为：以人为本，提高他们的生活条件，扩大他们的选择余地。所谓选择余地就是人们自由选择自己生活的能力，即在被裹挟的现代化浪潮中，他们有多少是可以经过自己的意愿进行行为上的选择。当资源集中后，发展机会通常分流到拥有特殊关系和特殊技能的特殊人群，对于利益的分配，国家权力、社会组织、地方政府、社区个人几大力量在做着不同的博弈，但实力悬殊。《林村的故事》中叶书记在对待改革态度上，采取既激进又保守的做法，经济制度上改革，鼓励多劳多得，充分利用各种社会关系，同时在对待集体制的问题上，又是略微保守，希

---

① ［英］凯蒂·加德纳、大卫·刘易斯：《人类学、发展与后现代挑战》，张有春译，中国人民大学出版社 2008 年版，第 55 页。

望弱者在集体的荫蔽下能获得较好的保护。在民族地区，当地域发展的内推力与外界力量碰撞时，族群内部将产生经济、文化乃至信仰上的分化。这样的结构性分化是否合理，最需要获得帮助的人是否也拥有发展的机会，甚至他们原先的机会由于外界力量打破均衡的介入方式而被剥夺。更深入地了解这些，将有助于给我们为发展创造更充分的内推力。

在发展人类学看来，任何项目的成功都取决于它是不是在社会与文化上与地方相适应，而这正是规划者最容易忽视的因素①。然而，一个发展项目的成败对国家机器的运转几无影响，发展项目只是国家权力延伸过程中恰好与国家目标相契合的产物，实际上，它只是国家机器的一个小部件。朱晓阳通过对扶贫的研究，认为发展工业正愈发显得是一种社会控制的工具，其实践也越发具有社会控制工具的色彩。② 事实上，相对其他普米族村寨而言，麦地坡的贫困更多地体现于其社会性的地位而非经济。麦地坡人对贫困的意识在遭遇了矿山关停之后更为强烈，失去矿山开采权后，他们几乎很少有机会再实现收入的增加和向上的阶层流动。对麦地坡人来说，停矿属于集体性的"转折"事件，在这一节点各方力量的干预和互动都可能会深刻影响个体的命运。

小　结

人类学的发展研究一般有两个角度，一为"发展人类学"（development anthropology），主要立足于本土知识研究，倡导自下而上

---

① ［英］凯蒂·加德纳、大卫·刘易斯：《人类学、发展与后现代挑战》，张有春译，中国人民大学出版社 2008 年版，第 62 页。

② 朱晓阳：《反贫困的新战略：从"不可能完成的使命"到管理穷人》，《社会学研究》2004 年第 2 期，第 98—102 页。

的参与发展模式；二为"发展的人类学"（anthropology of development），采用福柯式的话语分析手段解构发展，同时继续和延伸发展的话语分析，证明并展现发展实践中存在着的多种发展话语。二者互有批判，但均为打破"经济技术中心论"和"西方道路中心论"做出了卓越贡献。

从古至今，国家力量一直在兰坪的矿业发展中占据着决定性的地位。而伴随着矿山封停，在短暂的矿山私采过程中基于传统社会关系网络的乡村秩序以及个人的发展逻辑将重新并入国家整体发展秩序的轨道。但是，麦地坡人选择将国家作为"资源"，也许自己另有算盘，但并不介意花一点时间迎合政府的发展规划，最终为自身发展获取更多资本。农民与国家分享"发展主义"的信念，努力改善自己的状况。如何为发展加入内推力？是政府扶贫体系一直努力的工作。对于恰逢停矿的麦地坡人来说，这种集体性的"转折"事件是人们可能滑向贫困的关键时刻，在这一节点各方力量的干预和努力都可能会深刻影响个体的命运。因而，总结经验，自下而上地设计适宜的发展项目以帮助麦地坡人摆脱困境是现在最为紧要之举。

讨　论

　　自改革开放以来，中国社会的转型一直成为学界关注的热点。不同的人在思考发展都有不同的意见，意见的趋异多源于不同群体各异的社会位置。对传统发展理论的反思往往着眼于批判所谓经济一元论或文化同质说，为我们提供了不同视野的同时，常常并没有给出富有创见的实践策略。

　　于是，有政治经济背景的学者将反思与异质化吸收到发展政策制定的过程，进行了发展实施策略的多方面尝试。而富有哲学情怀的学者将发展本身纳入了批判的视野，他们将发展视为话语霸权的产物，令人耳目一新。然而，底层民众并不具有抽象化的所谓"发展"和"后发展"的概念，他们对生活的感知源于实践，通过切身接触的人事物对自己的行动作出评估和规划。相关研究又重新回归富有操作意义的传统领域，但加入了大量的反思。在思考"为何发展？什么是发展？为谁发展？"的问题时，学者逐渐正视到现实生活中存在的诸种现象，并在反思的视野下力图破除固有的二元对立观。

　　如今，在人类学的发展研究中，人们正试图突破"发展"与"后发展"的二元桎梏，力图在"发展人类学"和"发展的人类学"之间寻求一种实践与反思的融合路径。我们既应正视国家权力对发展话语的控制，但也应看到民众在这一关系中的位置。在漫长的日常生活中，他们在意的并不是上层政治组织对发展的操控具有怎样的政治意涵，而是切实的利益。对于未来的态度，他们拥有与国家相类的"发展主义"信仰，甚至更为激烈。在某种程度上，他们将国家视为一种"资源"，通过对国家发展规划的迎合而为自身发展谋取更多资本。

对发展的状态予以描述，并细化到国家政策的变化在个体上的具体表现，是人类学研究一贯坚持的思路。改革开放以来，麦地坡一直处于兰坪矿业政策管制的边缘地带，因矿产资源开发导致生计的剧烈变迁，进而牵动着人们对生态和生活的态度发生改变，这些变化是社会变迁的表现和结果。从居住空间、礼物循环、通婚、集体性的人格表现、日常消费等具象层面展现出了生计方式变迁对社区的全方面影响。同时，伴随着生态、资源的改变和政策延伸范围的扩展，人们在短时间内经历了矿山私采的盛衰，持续面对生计的重新选择和社会文化的重新构建，每一个个体或家庭的调整最终汇聚成社区转型的整体状态。而社区在个体、国家、社会组织等多个主体的多种发展理念的牵引与博弈的过程中，呈现出其社会转型的动态图景。

引用人类学家 J. Nash 在拉丁美洲的一个研究主题，"我们吞噬矿山，矿山也吞噬我们"①。在麦地坡，矿山造就了"被矿毁掉的一代"，矿山的高利润压制着其他行业的生长。麦地坡人将矿山开挖殆尽的同时也将自己甩离了曾经熟悉而稳定的传统生活，步入了传统普米族乡村生活的边缘，但却无法立刻寻找到新的生活方式得以容身。停矿后，大部分仍经济拮据的麦地坡人羡慕保有大量羊群和田地的其他普米族村寨，却已无法再实现回归，只能硬生生地扎进转型的潮流。没有接受过高等教育的村民事实上依然无法割舍开

---

① Nash. J. , *We Eat the Mines and the Mines Eat Us*：*Dependency and Exploitation in Bolivian Tin Mines*, New York：Columbia University Press, 1979.

传统的社会生活与关系网络，他们在本地从事低薪职业，维持着生活的运转。

　　然而，人们仍对未来怀着乐观的憧憬，这种自信基于他们过往数十年在生活中积累的适应策略和发展智慧。是的，现代化进程由于矿山的原因在此地大大加快了步伐，它改变的不仅是经济结构，更有人本身。一些研究怀疑作为从属阶层的农民的思维多大程度上被国家意识所决定，即葛兰西所谓"智识方面的从属性"。然而，我们完全低估了所谓从属群体的洞察力，这种能力不涉及宏观的政治与经济结构，也与上层组织架构无关，它就来源于生活在这片土地上的人们与周边事物发生关系的历史。农民在现代化过程中不可避免地受到伤害，但对于他们来说，这仅仅是生活的一道坎，如何迈过去？人们转过头去问传统知识，环顾四周从传统社会结构中寻找答案，低下头问这片土地，还是仰起头对着天空思索新的办法。

参考文献

一　中文

（一）著作

[1]　[法] 弗朗索瓦·佩鲁：《新发展观》，张宁、丰子义译，华夏出版社 1987 年版。

[2]　[法] 皮埃尔·布迪厄：《实践感》，蒋梓骅译，译林出版社 2003 年版。

[3]　[美] 阿图罗·埃斯科瓦尔：《遭遇发展——第三世界的形成与瓦解》，汪淳玉等译，社会科学文献出版社 2011 年版。

[4]　[美] 大卫·哈维：《希望的空间》，胡大平译，南京大学出版社 2006 年版。

[5]　[美] 德布拉吉·瑞：《发展经济学》，陶然等译，北京大学出版社 2002 年版。

[6]　[美] 德尼·古莱：《残酷的选择：发展理念与伦理价值》，高铦、高戈译，社会科学文献出版社 2008 年版。

[7]　[美] 拉尔夫·林顿：《人格的文化背景：文化、社会与个体关系之研究》，于闽梅、陈学晶译，广西师范大学出版社 2007 年版。

[8]〔美〕约翰·博德利：《发展的受害者》，何小荣、谢胜利、李旺旺译，北京大学出版社 2011 年版。

[9]〔美〕詹姆斯·C. 斯科特：《弱者的武器》，郑广怀、张敏、何江穗译，译林出版社 2007 年版。

[10]〔瑞士〕吉尔贝·李斯特：《发展的迷思：一个西方信仰的历史》，陆象淦译，社会科学文献出版社 2011 年版。

[11]〔印〕阿马蒂亚·森：《以自由看待发展》，任赜、于真译，中国人民大学出版社 2002 年版。

[12]〔英〕彼得·华莱士·普雷斯顿：《发展理论导论》，李小云、齐顾波、徐秀丽译，社会科学文献出版社 2011 年版。

[13]〔英〕凯蒂·加德纳、〔英〕大卫·刘易斯：《人类学、发展与后现代挑战》，张有春译，中国人民大学出版社 2008 年版。

[14] 费孝通：《江村经济》，戴可景译，上海人民出版社 2007 年版。

[15] 费孝通：《乡土中国》，上海人民出版社 2007 年版。

[16] 黄树民：《林村的故事：一九四九年后的中国农村变革》，素兰、纳日碧力戈译，生活·读书·新知三联书店 2002 年版。

[17] 林耀华：《金翼：中国家族制度的社会学研究》，庄孔韶、林宗成译，生活·读书·新知三联书店 2008 年版。

[18] 阎云翔：《礼物的流动：一个中国村庄中的互惠原则与社会网络》，李放春、刘瑜译，上海人民出版社 2000 年版。

[19] 阎云翔：《私人生活的变革：一个中国村庄里的爱情、家庭与亲密关系：1949—1999》，龚小夏译，上海书店出版社 2009 年版。

[20] 阎云翔：《中国社会的个体化》，陆洋等译，上海译文出版社 2012 年版。

[21]《怒江文史资料选辑》编委会：《怒江文史资料选辑》，第十五辑、第二十辑。

［22］《普米族简史》编写组编：《普米族简史》，民族出版社 2009
　　　年版。

［23］陈庆德等：《发展人类学引论》，云南大学出版社 2001 年版。

［24］丁立群：《发展：在哲学人类学的视野内》，黑龙江教育出版
　　　社 1995 年版。

［25］兰坪白族普米族自治县地方志编纂委员会编：《兰坪白族普
　　　米族自治县志（1978—2005）》，云南人民出版社 2010 年版。

［26］兰坪白族普米族自治县经济委员会编：《兰坪冶金工业志》
　　　（内部资料），1993 年。

［27］李小云主编：《参与式发展概论》，中国农业大学出版社 2001
　　　年版。

［28］林文勋主编：《民国时期云南边疆开发方案汇编》，云南人民
　　　出版社 2013 年版。

［29］陆德泉、朱健刚主编：《反思参与式发展——发展人类学前
　　　沿》，社会科学文献出版社 2013 年版。

［30］罗康隆等：《发展与代价——中国少数民族发展问题研究》，
　　　民族出版社 2006 年版。

［31］潘天舒：《发展人类学概论》，华东理工大学出版社 2009
　　　年版。

［32］孙立平：《转型与断裂：改革以来中国社会结构的变迁》，清
　　　华大学出版社 2004 年版。

［33］许宝强、汪晖选编：《发展的幻象》，中央编译出版社 2001
　　　年版。

［34］杨寿川：《云南矿业开发史》，社会科学文献出版社 2014 年版。

［35］杨小柳：《参与式行动：来自凉山彝族地区的发展研究》，民
　　　族出版社 2008 年版。

[36] 叶敬忠、王伊欢编著:《发展项目教程》,社会科学文献出版社 2006 年版。

[37] 周大鸣等:《寻求内源发展:中国西部的民族与文化》,中山大学出版社 2006 年版。

(二) 期刊

[1] [美] 阿图罗·埃斯科瓦尔:《人类学与发展》,黄觉译,《国际社会科学杂志》1998 年第 4 期。

[2] [美] 唐纳德·E. 沃斯:《国际发展理论的演变及其对发展的认识》,孙同全编译,《经济社会体制比较》2004 年第 2 期。

[3] 陈庆德、潘盛之、覃雪梅:《中国民族村寨经济转型的特征与动力》,《民族研究》2004 年第 4 期。

[4] 郭于华:《农村现代化过程中的传统亲缘关系》,《社会学研究》1994 年第 6 期。

[5] 郭占锋:《走出参与式发展的 "表象" ——发展人类学视角下的国际发展项目》,《开放时代》2010 年第 1 期。

[6] 侯豫新:《发展人类学之 "发展" 概念与 "幸福感" 相关问题探析》,《广西民族研究》2009 年第 2 期。

[7] 胡斌、张理珉:《兰坪矿区采矿与区域生态系统发展初探》,《生态经济》2001 年第 2 期。

[8] 李强、邓建伟、晓筝:《社会变迁与个人发展:生命历程研究的范式与方法》,《社会学研究》1999 年第 6 期。

[9] 李艳:《资源富集型贫困地区可持续发展路径探讨——以云南省兰坪县为例》,《安徽农业科学》2009 年第 2 期。

[10] 刘金龙:《发展人类学视角中的传统知识及其对发展实践的启示》,《中国农业大学学报》(社会科学版)2007 年第 2 期。

[11] 刘小峰：《从"有形村落"到"无形中国"——社区研究方法中国化的可能路径》，《中国社会科学报》2012 年 2 月 13 日。

[12] 刘晓茜、李小云：《发展的人类学研究概述》，《广西民族大学学报》（哲学社会科学版）2009 年第 5 期。

[13] 吕炜、王伟同：《发展失衡，公共服务与政府责任—基于政府偏好和政府效率视角的分析》，《中国社会科学》2008 年第 4 期。

[14] 马翀炜：《人力资本的经济人类学分析》，《广西民族研究》2003 年第 3 期。

[15] 马娟、秦德先：《我国铅锌市场形势与兰坪铅锌矿的发展》，《昆明理工大学学报》（理工版）2003 年第 3 期。

[16] 孙立平：《社会转型：发展社会学的新议题》，《社会学研究》2005 年第 1 期。

[17] 杨小柳：《发展研究：人类学的历程》，《社会学研究》2007 年第 4 期。

[18] 叶舒宪：《人类学质疑"发展观"》，《广西民族学院学报》（哲学社会科学版）2004 年第 4 期。

[19] 张复明、景普秋：《资源型经济的形成：自强机制与个案研究》，《中国社会科学》2008 年第 5 期。

[20] 张复明、景普秋：《资源型经济及其转型研究述评》，《中国社会科学》2006 年第 6 期。

[21] 张利泉、张重艳：《西部民族资源型地区产业结构调整问题研究——以兰坪白族普米族自治县为例》，《中国高新技术企业》2010 年第 4 期。

[22] 张茂元、邱泽奇：《技术应用为什么失败——以近代长三角和珠三角地区机器缫丝业为例（1860—1936）》，《中国社会科

学》2009 年第 1 期。

[23] 张雯：《试论当代生态人类学理论的转向》,《广西民族研究》2007 年第 4 期。

[24] 张阳、李永勤、黄亚勤：《云南省兰坪县河西乡普米族贫困问题研究》,《云南农业大学学报》(社会科学版) 2009 年第 2 期。

[25] 赵馥珉、李明辉、李永勤：《普米族经济社会发展对策与问题探讨——以兰坪县河西乡普米族聚居区为例》,《全国商情·经济理论研究》2009 年第 7 期。

[26] 赵景海：《我国资源型城市发展研究进展综述》,《城市发展研究》2006 年第 3 期。

[27] 周大鸣：《社区发展与人文关怀》,《广西民族学院学报》(哲学社会科学版) 2006 年第 2 期。

[28] 朱凌飞：《裂变与统合——对一个普米族村庄社会过程 60 年变迁的人类学研究》,《中央民族大学学报》(哲学社会科学版) 2010 年第 5 期。

[29] 朱凌飞：《史与志——对口述史与历时性民族志研究的探讨》,《西南边疆民族研究》第 6 辑, 云南大学出版社 2009 年版。

[30] 朱晓阳、谭颖：《对中国"发展"和"发展干预"研究的反思》,《社会学研究》2010 年第 4 期。

[31] 朱晓阳：《黑地·病地·失地——滇池小村的地志与斯科特进路的问题》,《中国农业大学学报》(社会科学版) 2008 年第 2 期。

[32] 庄孔韶：《可以找到第三种生活方式吗?——关于中国四种生计类型的自然保护与文化生存》,《社会科学》2006 年第 7 期。

（三）学位论文

[1] 丁宝寅：《资源能够带来发展吗?》，中国农业大学 2014 年博士学位论文。

[2] 董丽霞：《小村庄里的"大棚"——发展人类学视角下的"寿光模式"》，复旦大学 2012 年硕士学位论文。

[3] 田静：《教育与乡村建设——云南一个贫困民族乡的发展人类学探究》，华东师范大学 2011 年博士学位论文。

[4] 和芬：《清代云南矿区地理分布与社会研究》，云南大学 2013 年硕士学位论文。

[5] 杨笛：《保护地矿电资源开发环境法律问题研究——以云南兰坪为例》，昆明理工大学 2010 年硕士学位论文。

[6] 杨梅：《近代西方人在云南的探查活动及其著述》，云南大学 2011 年博士学位论文。

[7] 赵文红：《17 世纪后期至 19 世纪中期云南矿冶业的发展及其影响》，云南师范大学 2001 年硕士学位论文。

二 外文

（一）著作

[1] Chambers, R., *Rural Development*: *Putting the Last First*. New York: Longman, 1983.

[2] Ferguson, J., *The Anti-politics Machine*: *"Development", Depoliticization and Bureaucratic Power in Lesotho*, Cambridge: Cambridge University Press, 1990.

[3] Hobart, M. (ed.), *An Anthropological Critique of Development*:

The Growth of Ignorance, London: Routledge, 1993.

[4] Campfens H. eds. , *Community Development around the world*, University of Toronto Press, 1997.

[5] Crewe E. , Harrison E. , *Whose development? an Ethnography of Aid*, New York: Zed Books, 1998.

(二) 文章

[1] Biersack A. , Introduction: "From the 'New Ecology' to the New Ecologies", *American Anthropologist*, 1999. 101 (1) .

[2] Biersack A. , "The Mount Kare Python and His Gold: Totemism and Ecology in the Papua New Guinea Highlands", *American Anthropologist*, 1999. 101 (1) .

[3] Escobar A. , "After Nature: Steps to an Antiessentialist Political Ecology", *Current Anthropology*, 1999. 40 (1) .

[4] Kottak Conrad P. , "The New Ecological Anthropology", *American Anthropologist*, 1999. 101 (1) .

[5] Gezon Lisa L. , "Of Shrimps and Spirit Possession: Toward a Political Ecology of Resource Management in Northern Madagascar", *American Anthropologist*, 1999. 101 (1) .

[6] Brosius Peter J. , "Green Dots, Pink Hearts: Displacing Politics from the Malaysian Rain Forest", *American Anthropologist*, 1999. 101 (1) .

[7] Scoones, I. , "New Ecology and the Social Sciences: What Prospects for a Fruitful Engagement?", *Annual Review of Anthropology*, 1999 (28) .

[8] Sillitoe, P. , "The Development of Indigenous Knowledge", *Current Anthropology*, 1998. 39 (2) .

后　记

　　五上兰坪，我尝试用拙笔描绘一个村庄遭遇剧变的酸甜苦辣。感谢麦地坡诸位父老乡亲的帮助，大家毫无保留的信赖与热情为我的田野调查提供了巨大的支持和鼓舞。特别感谢鹿宏勋、鹿顺平、鹿庆勇、鹿辉朴、鹿德其等几位叔兄的大力襄助，以及两位邻居奶奶给予的温暖关怀，至今难以忘怀。谨以此书向你们致以最崇高的敬意。

　　衷心感谢我硕士阶段的导师朱凌飞教授，您是我学术道路的启蒙者和普米族研究的引路人。同时，感谢张锦鹏、方明、刘力锐、范增钍、林晓珊、董敬畏、何明、马翀炜、李志农、秦莹等多位老师对本书写作和出版给予的悉心指导。感谢本书编辑的辛勤付出和宝贵贡献。此外，感谢伍洲扬、宋彦成、黄志鹏、杨索、杨海源、苗滨、熊智媛、刘虹每、蒙微夙、杨玉秀、杨淇、周麟欣、陈炼等诸友在田野调查和书稿写作给予的帮助，感谢曹得宝、马巍两位好友对本书出版的持续关心，感谢我的工作单位浙江省委党校慷慨资助。受篇幅所限，还有许多伸出援手的师长亲朋无法列出，谨此一并致谢。

　　最后，要感谢我的家人。感谢妻子在本书出版过程中给予的理解支持，感谢儿子带来的欢乐。感谢我慈爱的母亲程伟峰女士、父亲高龙兵先生，在我漫长的求学生涯中一直无私地支持我，默默付出着全部的力量，是你们持续的鼓励与赞赏推动我成为一名职业研究者，谨以我这部学术生涯的处女作献给你们，以表达我无尽的感恩之情。

高孟然

2023 年 4 月于杭州